상위 10% 영재아를 위한

한버공 영재 수학퀴즈 ④

상위 10% 영재아를 위한 수학퀴즈

연산 문제 하나 더 빨리 푸는 것보다 골똘히 두뇌 회전 한 번 하는 건 어떤가요?

수학적 사고력의 깊이는 유연하고 다양한 뜻밖의 생각을 떠올리는 데에서 생기지 않을까요?

여러 가지 유형의 수학 퀴즈를 풀어보면서 수학놀이의 재미를 느껴 보시길 !!!!!

차 례 ④

문제 1 · 같은 그림 연결하기 ·5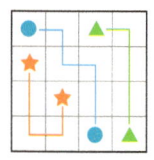

문제 2 · 같은 그림 연결하기 ·7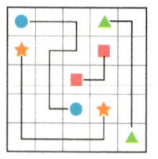

문제 3 · 길 연결하기 ········· 9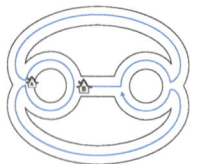

문제 4 · 한 붓 그리기 찾기 ··· 11

문제 5 · 한 붓 그리기 ······ 13

문제 6 · 한 붓 그리기 ······ 15

문제 7 · 길 만들기 ········· 17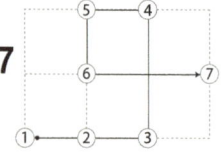

문제 8 · 바둑돌 줍기 ······ 19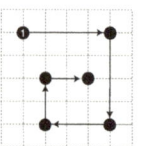

문제 9 · 바둑돌 줍기 ······ 21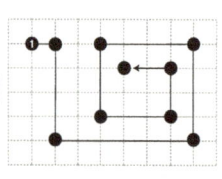

문제 10 · 바둑돌 줍기 ············ 23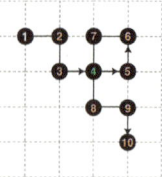

문제 11 · 사다리 지우기 ············ 25

문제 12 · 짧은 거리 찾기 ············ 27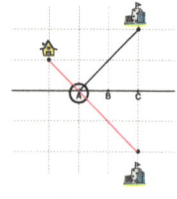

문제 13 · 코딩 명령어 놀이 ········· 29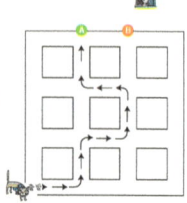

문제 14 · 무거운 구슬 찾기 ········ 31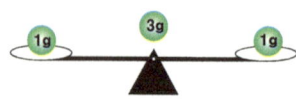

문제 15 · 무거운 구슬 찾기 ········ 33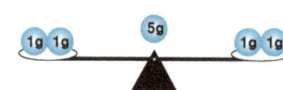

문제 16 · 투명 필름 겹치기 ········ 35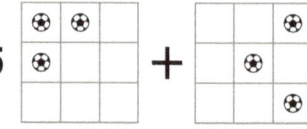

문제 17 · 투명 필름 겹치기 ········ 37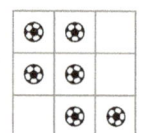

문제 18 · 숫자의 대칭 ··············· 39

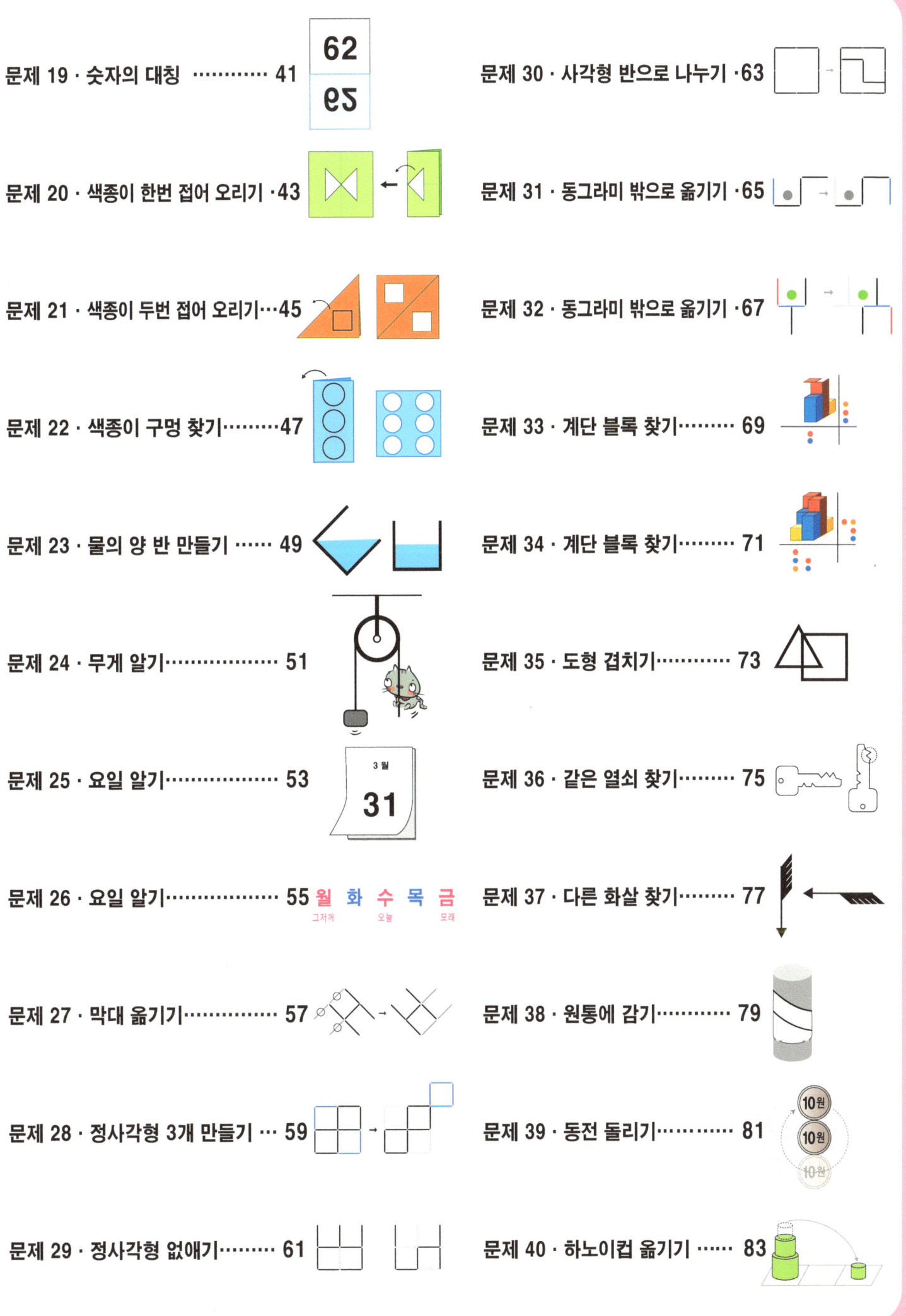

문제 19 · 숫자의 대칭 ·········· 41
문제 20 · 색종이 한번 접어 오리기 ·43
문제 21 · 색종이 두번 접어 오리기 ···45
문제 22 · 색종이 구멍 찾기········ 47
문제 23 · 물의 양 반 만들기 ····· 49
문제 24 · 무게 알기············· 51
문제 25 · 요일 알기············· 53
문제 26 · 요일 알기············· 55
문제 27 · 막대 옮기기············ 57
문제 28 · 정사각형 3개 만들기 ··· 59
문제 29 · 정사각형 없애기········ 61

문제 30 · 사각형 반으로 나누기 ·63
문제 31 · 동그라미 밖으로 옮기기 ·65
문제 32 · 동그라미 밖으로 옮기기 ·67
문제 33 · 계단 블록 찾기········ 69
문제 34 · 계단 블록 찾기········ 71
문제 35 · 도형 겹치기··········· 73
문제 36 · 같은 열쇠 찾기········ 75
문제 37 · 다른 화살 찾기········ 77
문제 38 · 원통에 감기··········· 79
문제 39 · 동전 돌리기··········· 81
문제 40 · 하노이컵 옮기기 ······ 83

상위 10% 영재아를 위한 수학퀴즈

문제 1 · 같은 그림 연결하기

같은 모양끼리 가로 세로선을 그어 연결하시오.
단, 빈 칸이 있거나 선끼리 겹치면 안됩니다.

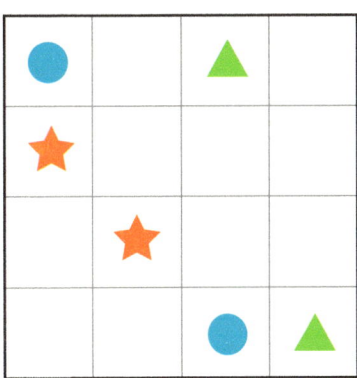

문제 1(풀이)

같은 모양끼리 가로 세로선을 그어 연결하시오.
단, 빈 칸이 있거나 선끼리 겹치면 안됩니다.

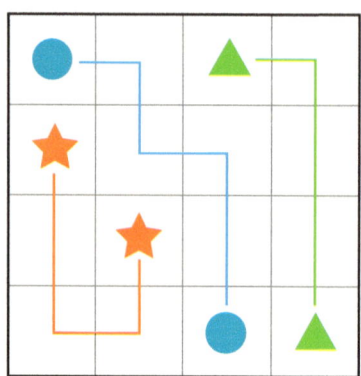

문제 2 · 같은 그림 연결하기

같은 모양끼리 가로 세로선을 그어 연결하시오.
단, 빈 칸이 있거나 선끼리 겹치면 안됩니다.

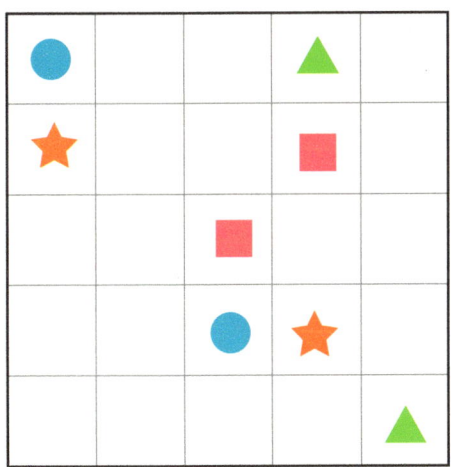

문제 2(풀이)

같은 모양끼리 가로 세로선을 그어 연결하시오.
단, 빈 칸이 있거나 선끼리 겹치면 안됩니다.

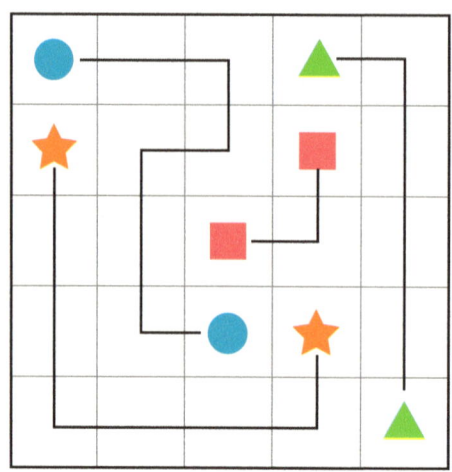

문제 3 · 길 연결하기

어느 집에서 출발해야 지나간 길을 다시 지나가지 않고
모든 길을 지나가는지 ○표 하시오.

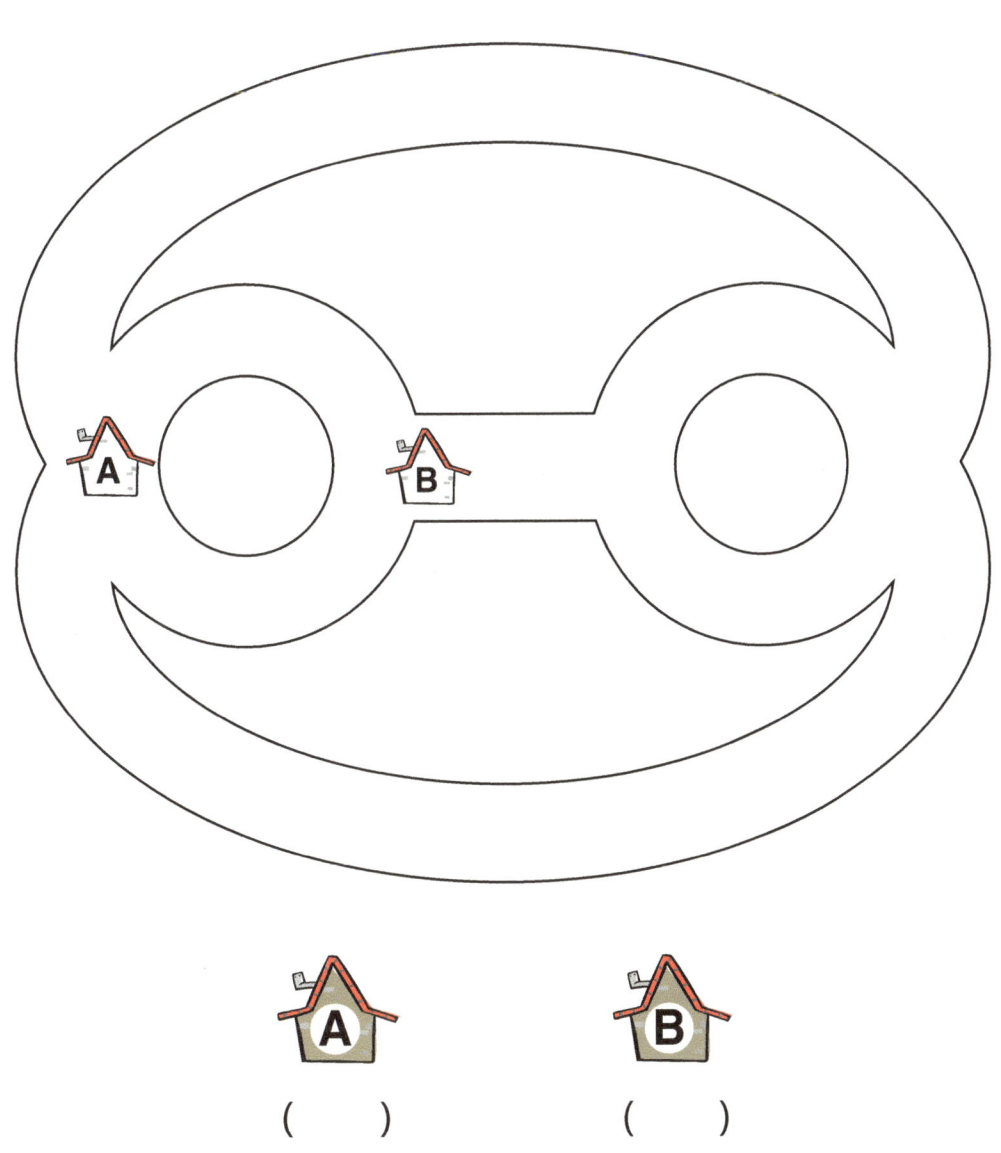

( )　　　　( )

문제 3(풀이)

어느 집에서 출발해야 지나간 길을 다시 지나가지 않고
모든 길을 지나가는지 ○ 표 하시오.

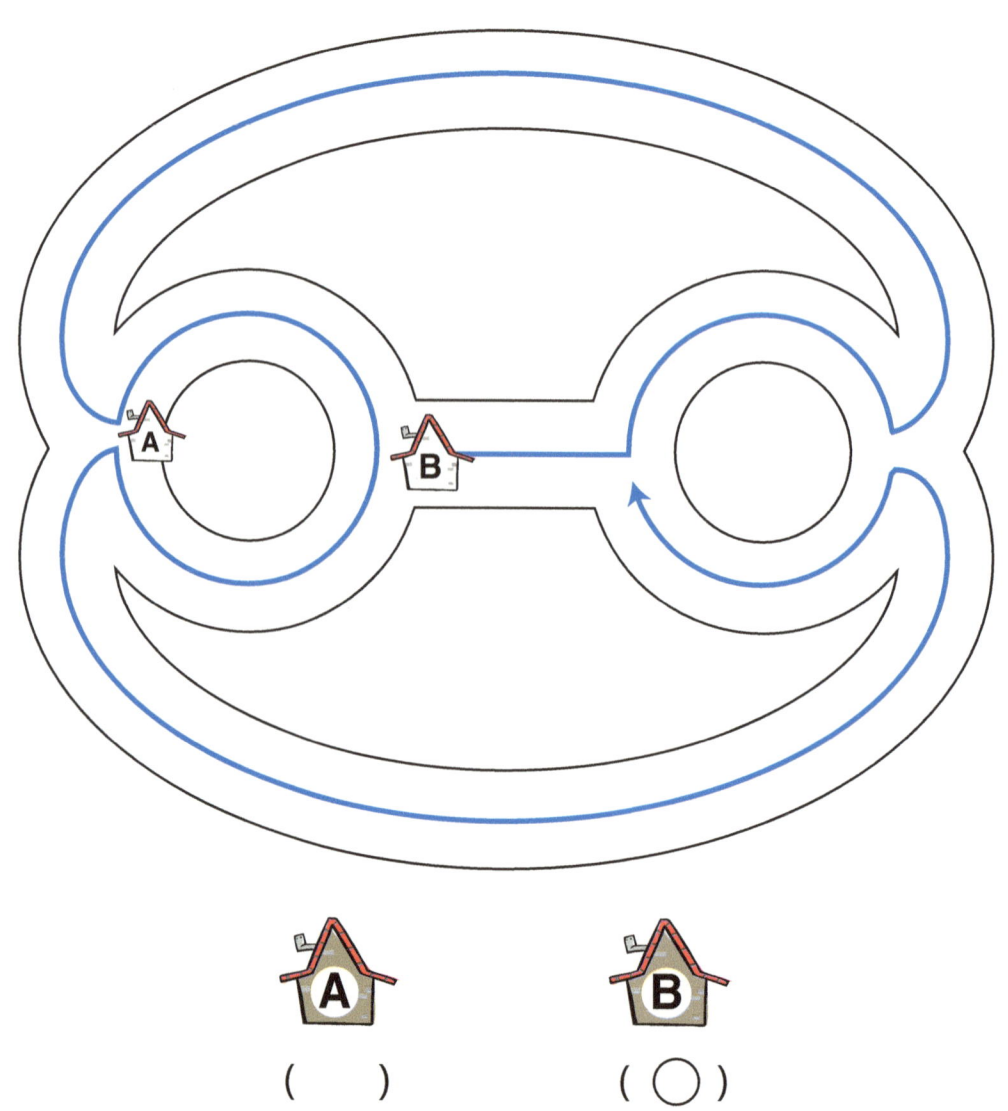

A ( ) B (○)

교점이 홀수인 곳에서 출발해서 홀수인 곳으로 도착하는 곳을 찾으면 됩니다.

문제 4 · 한 붓 그리기 찾기

아래 도형 중 한 붓 그리기 도형에 ◯ 표 하시오.

예

한 점에서 시작하여 연필을 떼지 않고 모든 선을 연결해서 그리는 도형을 한 붓 그리기 도형이라고 합니다. 이때 지나간 선을 또 지나가면 안됩니다.

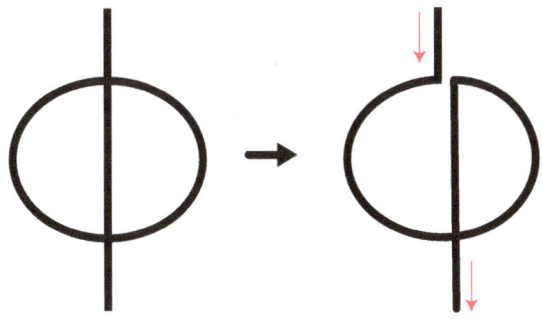

(   )

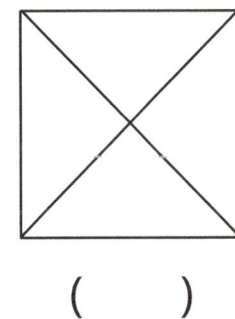
(   )

문제 4(풀이)

아래 도형 중 한붓 그리기 도형에 ○ 표 하시오.

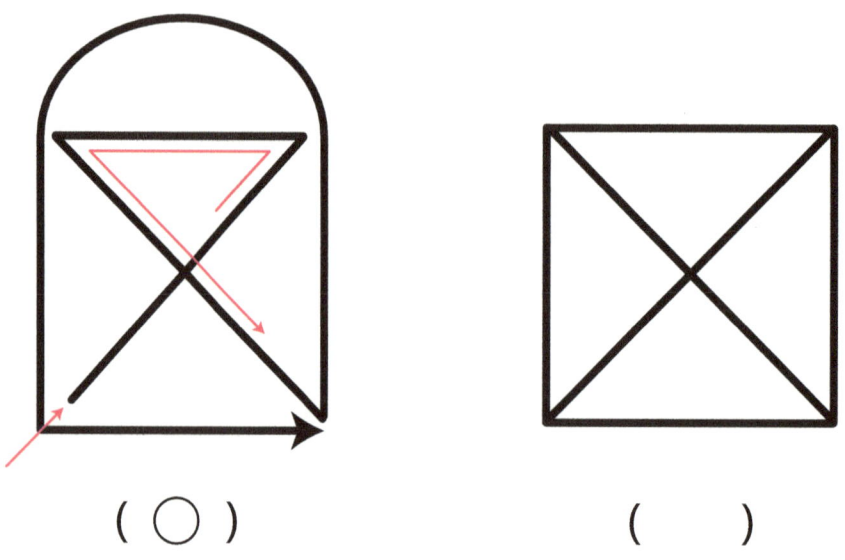

(○)　　　　　　(　)

위의 길 외에 다른 길도 있을 수 있습니다.

문제 5 · 한 붓 그리기

빨간 점에서 출발하여 한붓 그리기를 하시오

문제 5(풀이)

빨간 점에서 출발하여 한붓 그리기를 하시오

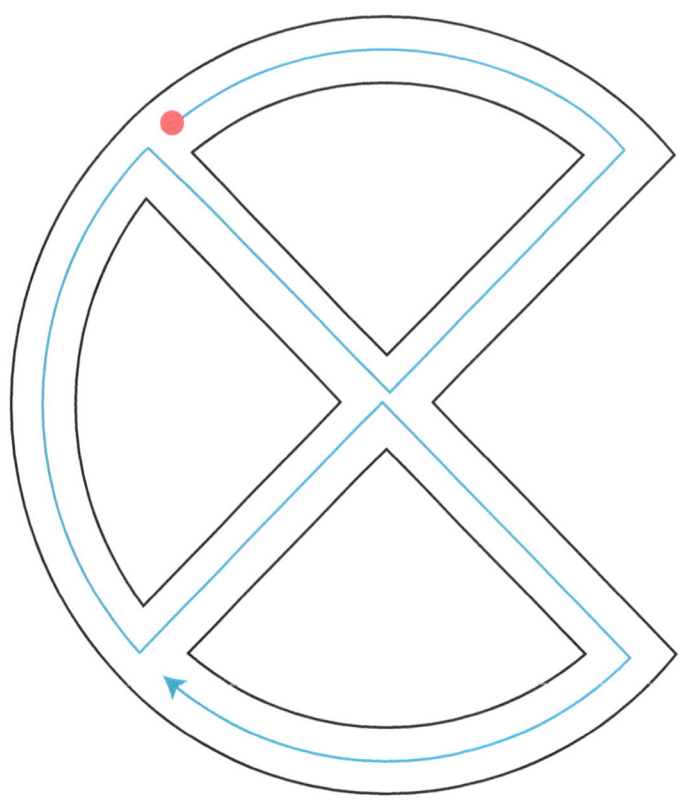

위와 다른 길도 있을 수 있습니다.

문제 6 · 한 붓 그리기

빨간 점에서 출발하여 한붓 그리기를 하시오

문제 6(풀이)

빨간 점에서 출발하여 한붓 그리기를 하시오

위와 다른 길도 있을 수 있습니다.

문제 7 · 길 만들기

1번에서 시작하여 7번에 도착하려고 합니다.
지나간 순서대로 동그라미 안에 번호를 쓰시오.

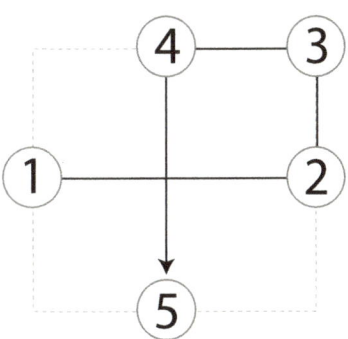

- 직각으로만 이동할 수 있습니다.(대각선 안됨)
- 같은 동그라미를 두 번 지날 수 없습니다.
- 모든 동그라미를 한번씩 지나야 합니다.

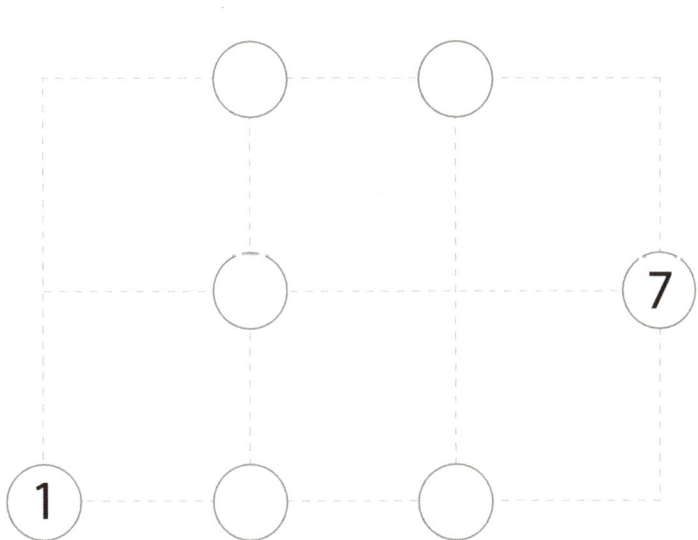

문제 7(풀이)

1번에서 시작하여 7번에 도착하려고 합니다.
지나간 순서대로 동그라미 안에 번호를 쓰시오.

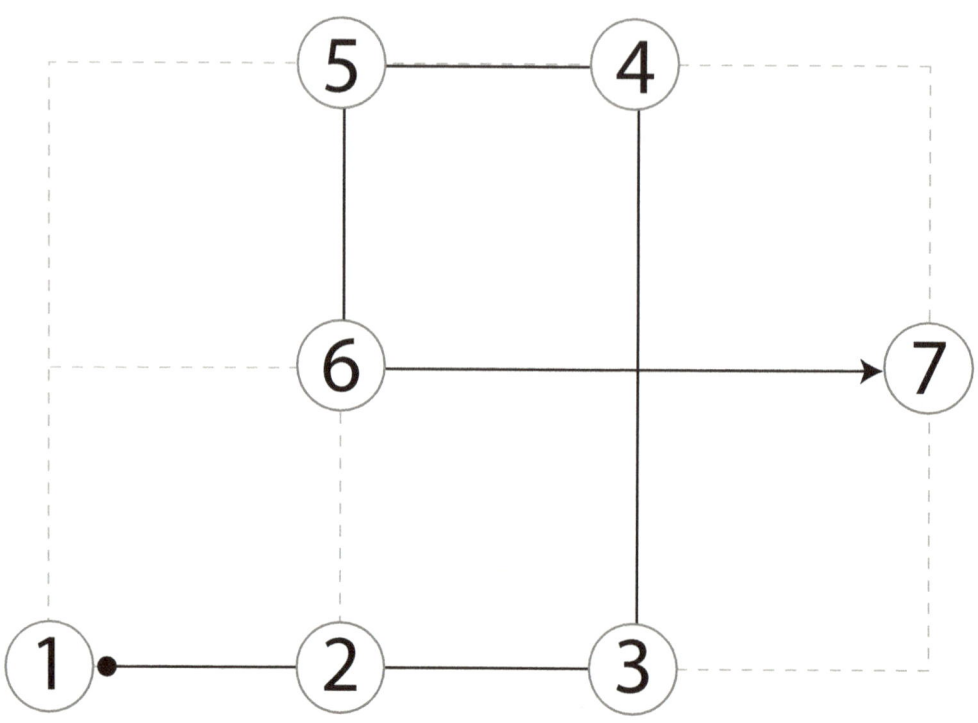

문제 8 · 바둑돌 줍기

1에서 시작하여 바둑돌을 모두 주운 길을 그리시오.

규칙

· 직선으로만 이동할 수 있습니다.(대각선 안됨)

· 선은 모두 연결되어야 하며 지나간 길은 다시 지나갈 수 없습니다.

· 바둑돌이 있는 곳에서만 직각으로 꺾을 수 있습니다.

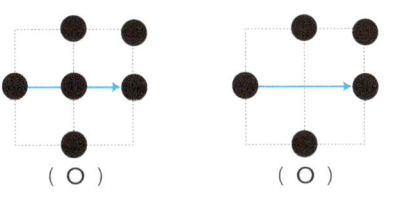

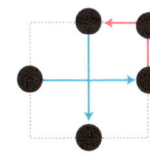 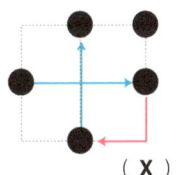

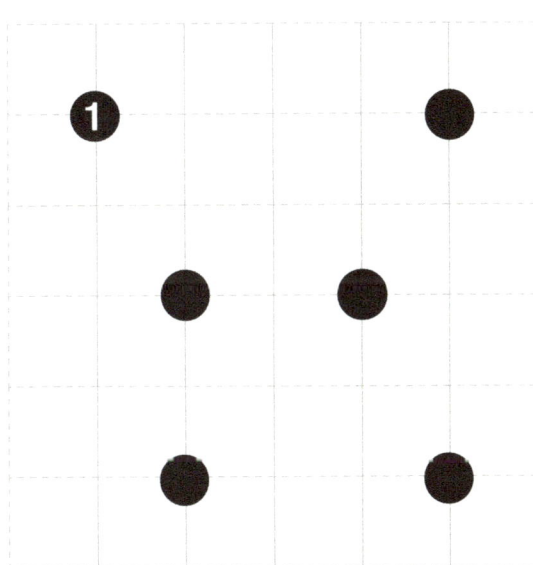

문제 8(풀이)

1에서 시작하여 바둑돌을 모두 주운 길을 그리시오.

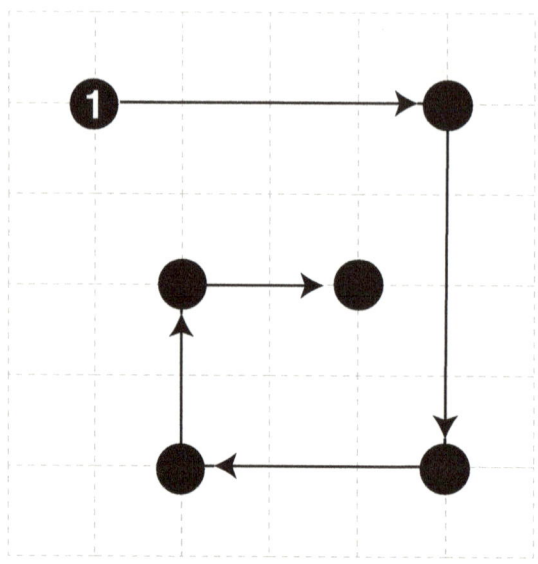

문제 9 · 바둑돌 줍기

1에서 시작하여 바둑돌을 모두 주운 길을 그리시오.

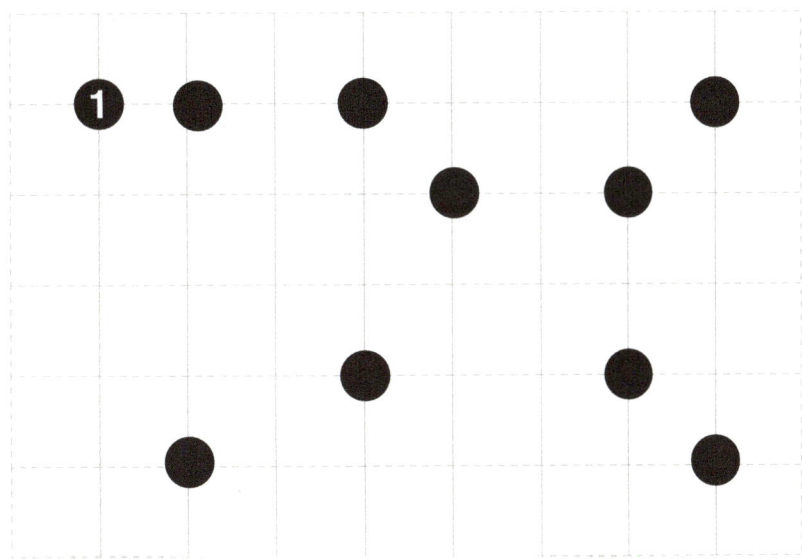

문제 9(풀이)

1에서 시작하여 바둑돌을 모두 주운 길을 그리시오.

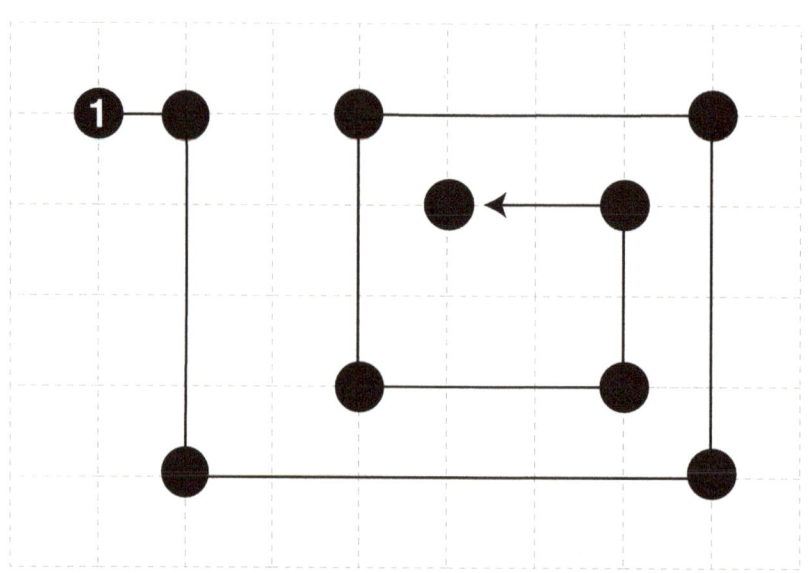

문제 10 · 바둑돌 줍기

1에서 시작하여 바둑돌을 모두 주운 길을 그리시오.

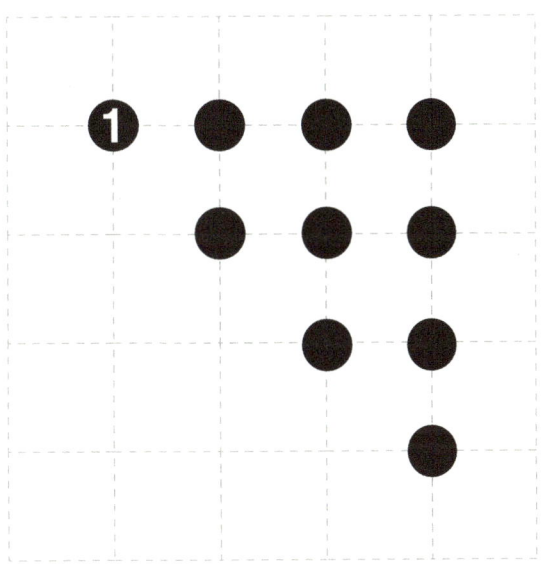

문제 10(풀이)

1에서 시작하여 바둑돌을 모두 주운 길을 그리시오.

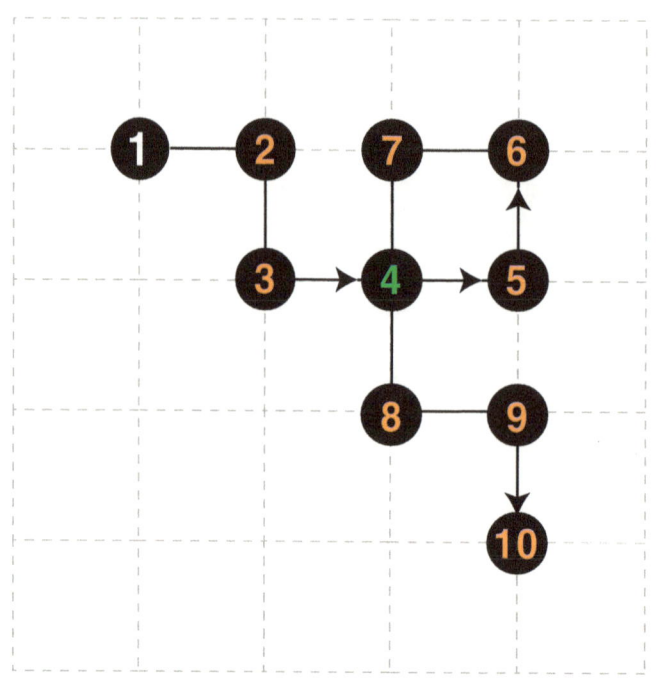

4번 돌은 주웠기 때문에 7번에서 바로 8번으로 갈 수 있습니다.

문제 11 · 사다리 지우기

사다리타기를 합니다. B가 1등을 하려고 합니다. 어느 선을 지워야 할까요?
지워야 하는 선 1개에 X표 하시오.

문제 11(풀이)

사다리타기를 합니다. B가 1등을 하려고 합니다. 어느 선을 지워야 할까요?
지워야 하는 선 1개에 X표 하시오.

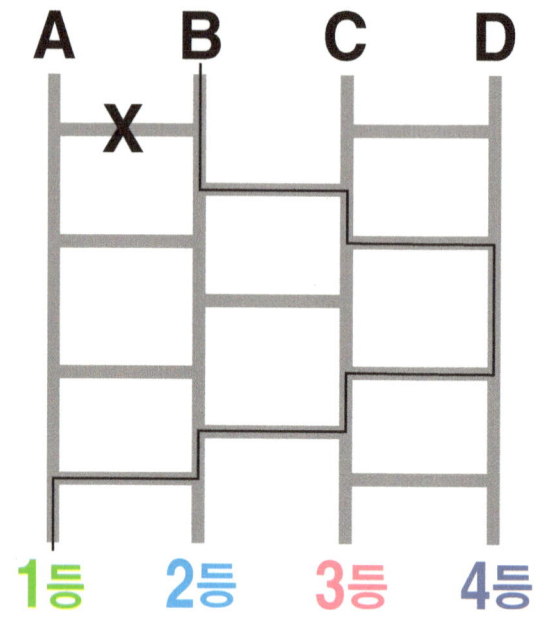

B가 1등을 하기 위해 지워야 하는 선은 위처럼 두 가지가 있습니다.

문제 12 · 짧은 거리 찾기

집에서 학교까지 가려고 합니다.
반드시 길 위의 A B C 세 곳 중 한 곳을 지나야 한다면 어느 곳을 지날 때
가장 짧은 거리로 학교에 도착할 수 있는지 알파벳에 ○표 하시오.

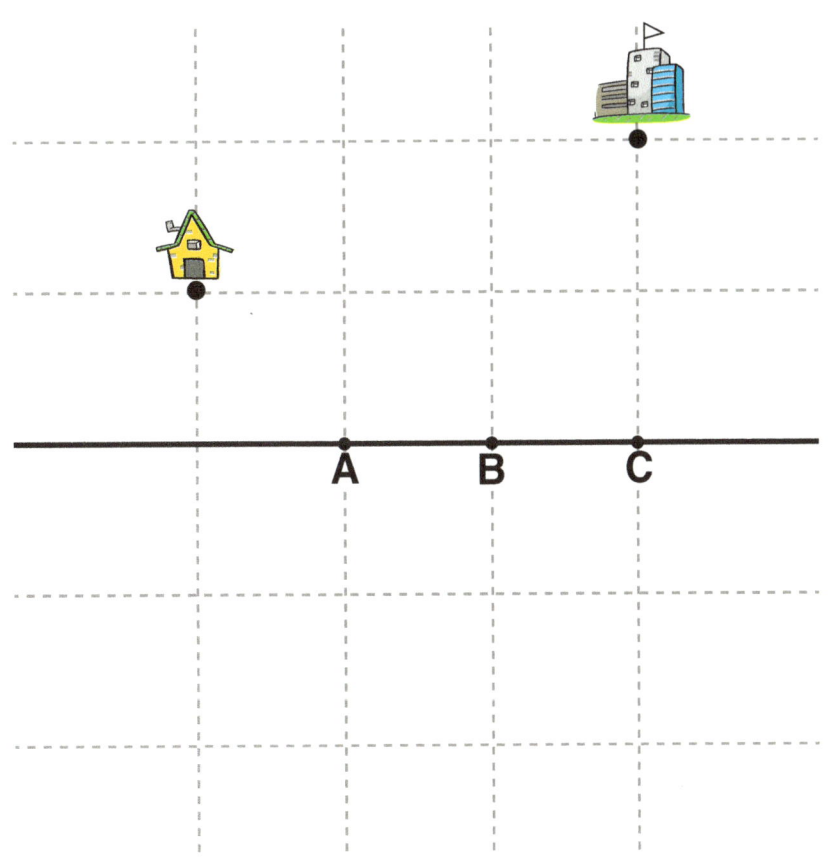

문제 12(풀이)

집에서 학교까지 가려고 합니다.
반드시 길 위의 A B C 세 곳 중 한 곳을 지나야 한다면 어느 곳을 지날 때
가장 짧은 거리로 학교에 도착할 수 있는지 알파벳에 ○ 표 하시오.

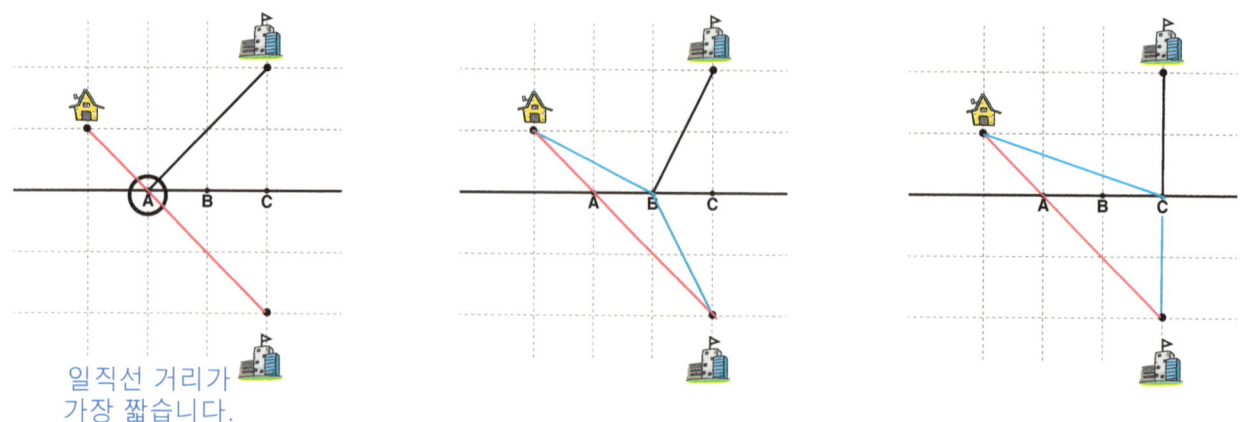

일직선 거리가
가장 짧습니다.

학교점을 위아래 대칭을 시킨 후 집에서 A, B, C 각 점을 지나가는 선을 그리면
A를 지나는 직선이 가장 짧은 거리가 됩니다.

문제 13 · 코딩 명령어 놀이

명령어를 따라 고양이가 도착한 곳에 ○ 표 하시오.

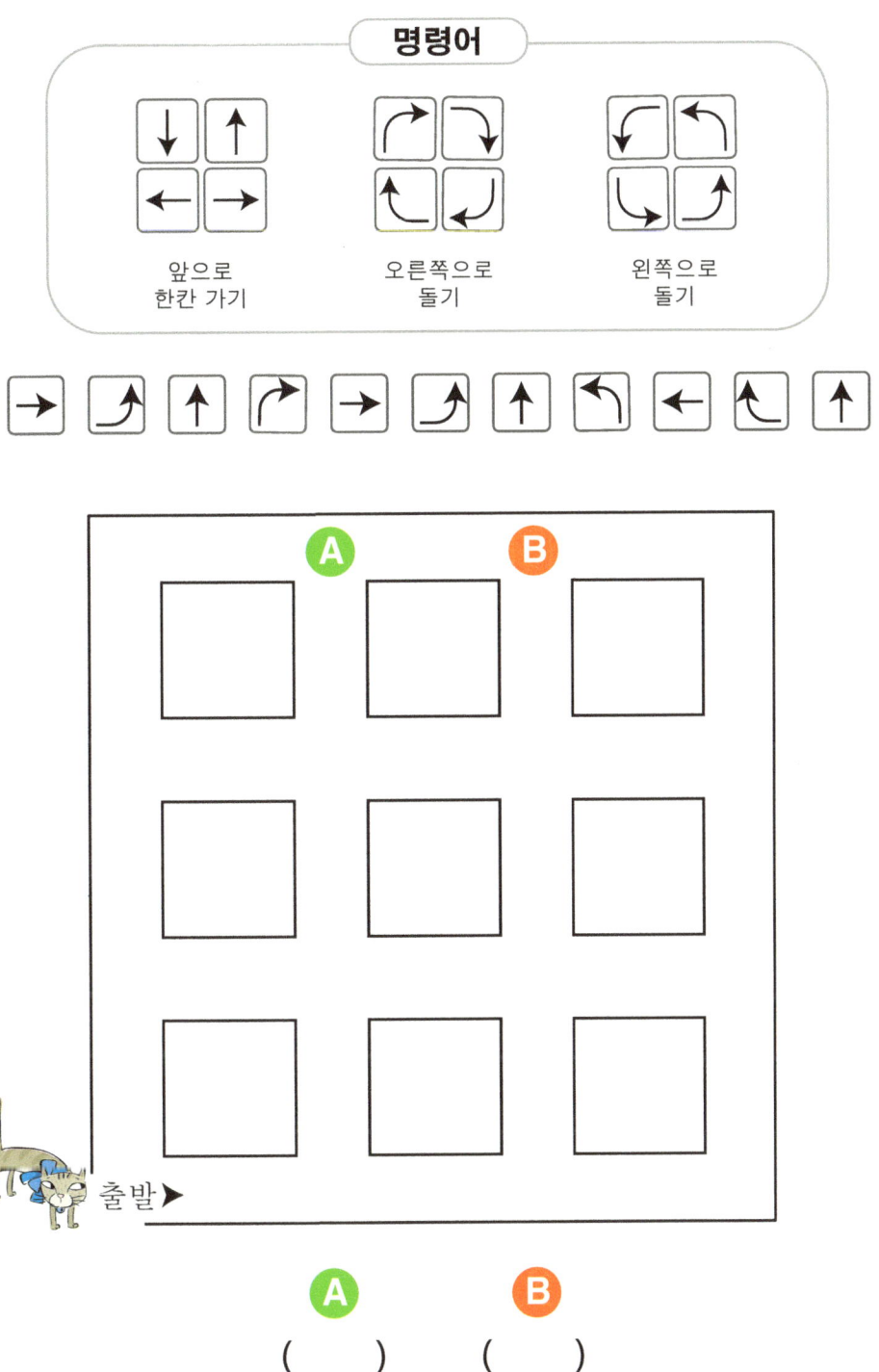

문제 13(풀이)

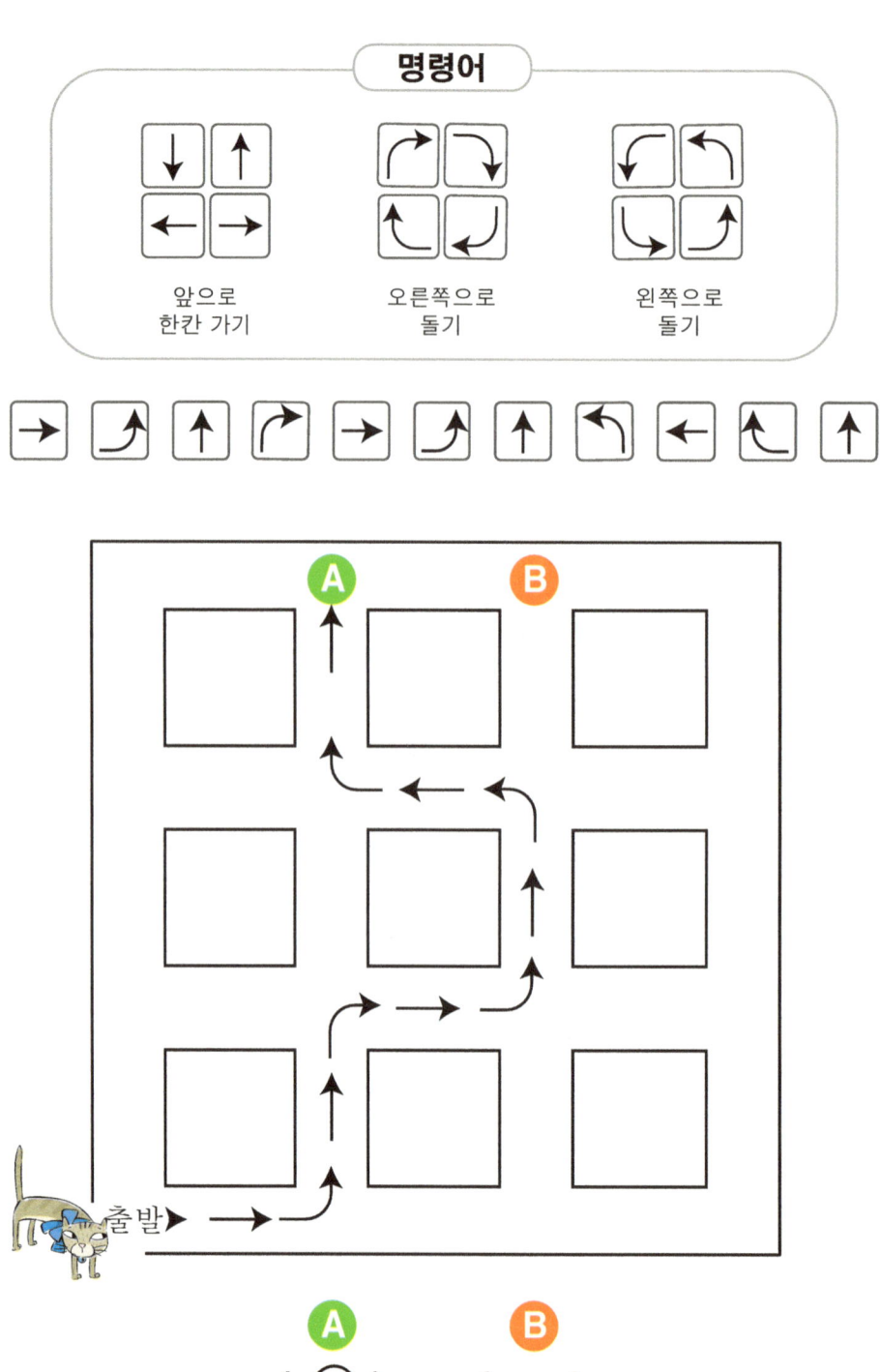

문제 14 · 무거운 구슬 찾기

세 개의 구슬 중 하나만 무게가 무겁습니다.
양팔 저울로 가장 적게 재어 찾을 때 몇 회만에 찾을 수 있는지 쓰시오.

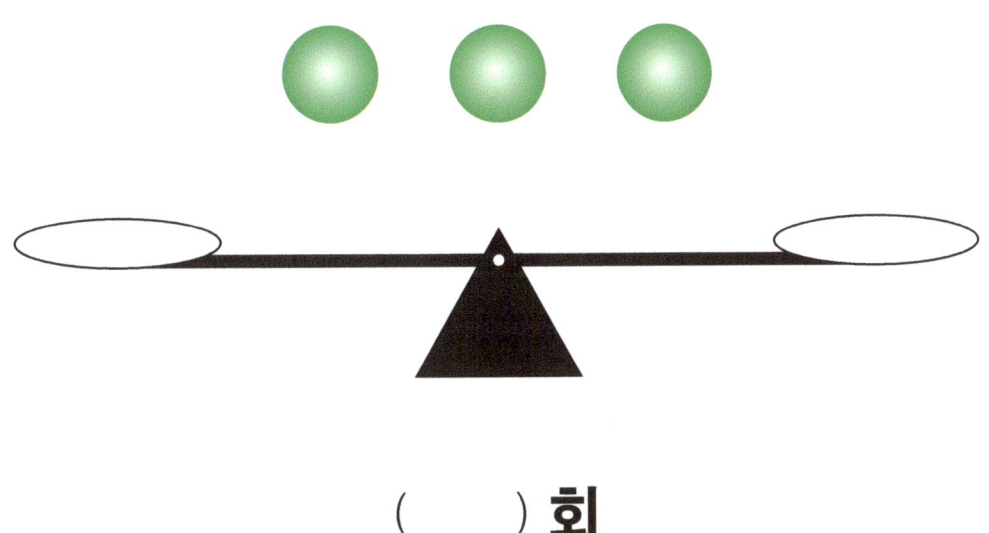

( ) 회

문제 14(풀이)

세 개의 구슬 중 하나만 무게가 무겁습니다.
양팔 저울로 가장 적게 재어 찾을 때 몇 회만에 찾을 수 있는지 쓰시오.

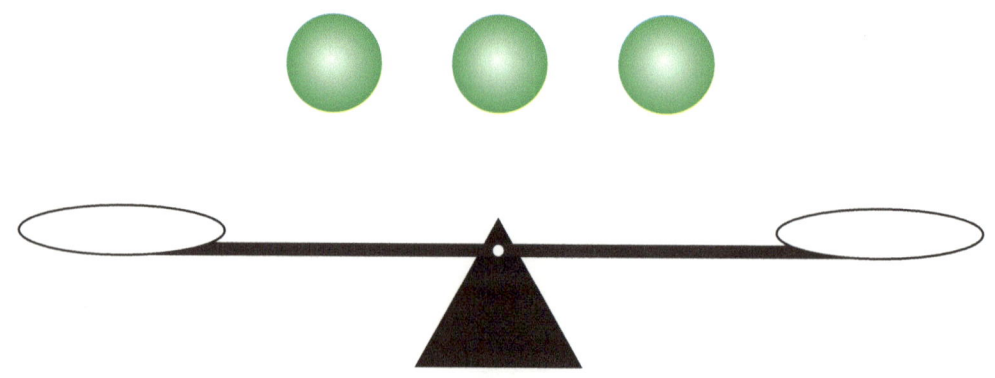

(1)회

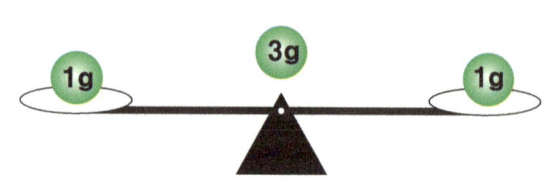

같은 무게 두 개를 먼저 올린다면 저울의 무게가 같으므로 나머지가 무거운 구슬이 됩니다. 그러므로 1회만에 찾게 됩니다.

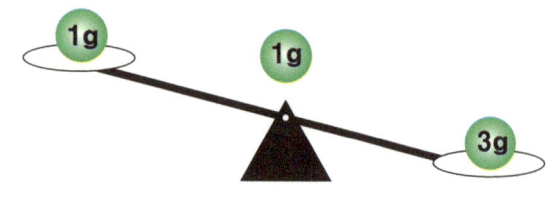

무거운 것과 가벼운 것을 같이 올린다면 내려간 쪽이 무거운 구슬이 되어 마찬가지로 1회만에 찾을 수 있습니다.

문제 15 · 무거운 구슬 찾기

다섯 개의 구슬 중 하나만 무게가 무겁습니다.
양팔 저울로 몇 회만에 무조건 찾을 수 있는지 쓰시오.

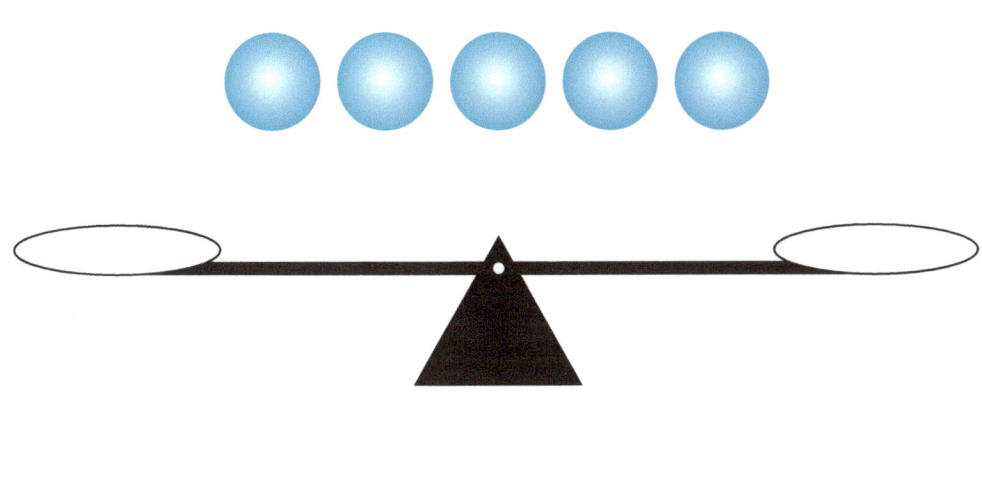

( ) 회

문제 15 (풀이)

다섯 개의 구슬 중 하나만 무게가 무겁습니다.
양팔 저울로 몇 회만에 무조건 찾을 수 있는지 쓰시오.

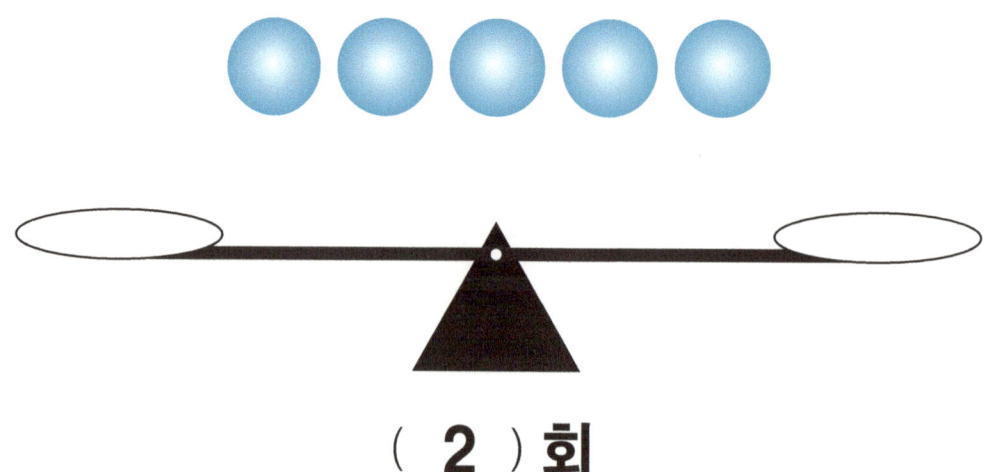

(2) 회

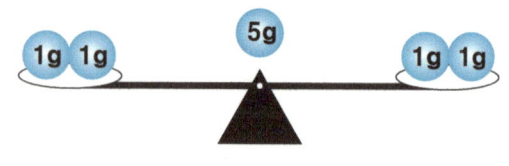

같은 무게 두 개씩을 먼저 올린다면 저울의 무게가 같으므로 나머지가 무거운 구슬이 됩니다. 그러므로 1회만에 찾게 됩니다.

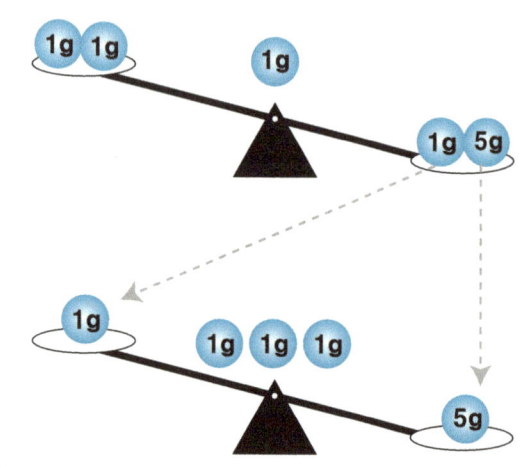

같은 무게 두 개와 무거운 것을 섞어 올리면 무거운 구슬쪽이 내려가게 됩니다.(1회)

다시 무거운 쪽 두 개를 저울에 각각 올리면 무거운 쪽이 내려가면서 단 2회만에 무거운 구슬을 찾게 됩니다.(2회)

문제 16 · 투명 필름 겹치기

공이 그려진 투명한 필름 두 장을 겹쳤습니다.
나올 수 없는 모양에 ○ 표 하시오.
(필름은 돌리거나 뒤집을 수 있습니다.)

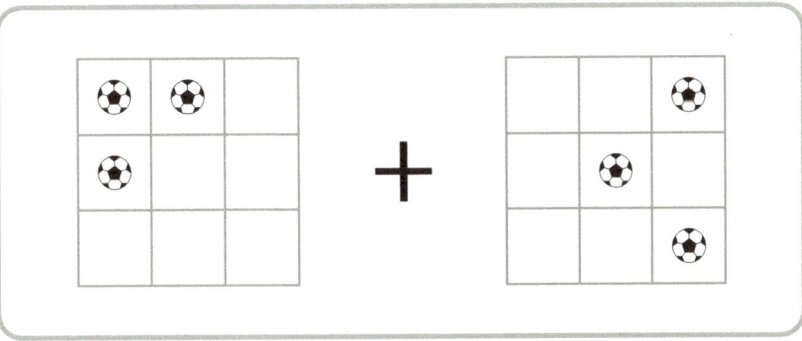

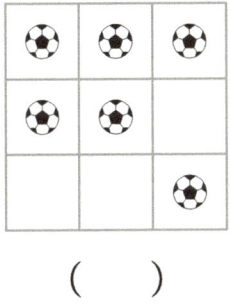   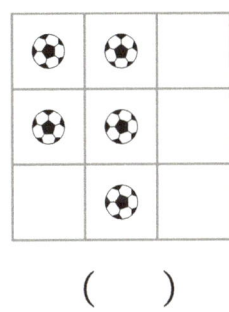

(   )   (   )

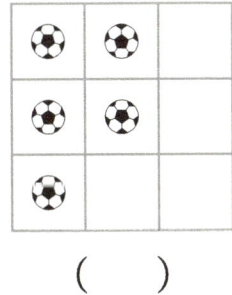   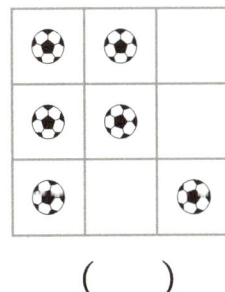

(   )   (   )

문제 16(풀이)

공이 그려진 투명한 필름 두 장을 겹쳤습니다.
나올 수 없는 모양에 ○표 하시오.
(필름은 돌리거나 뒤집을 수 있습니다.)

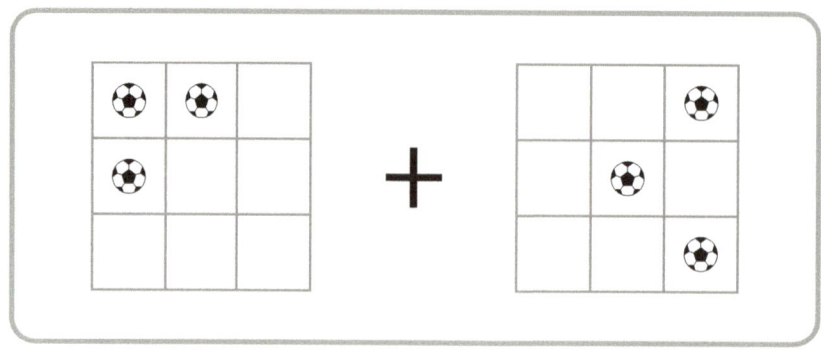

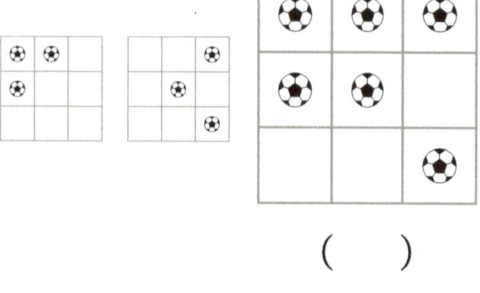
( )

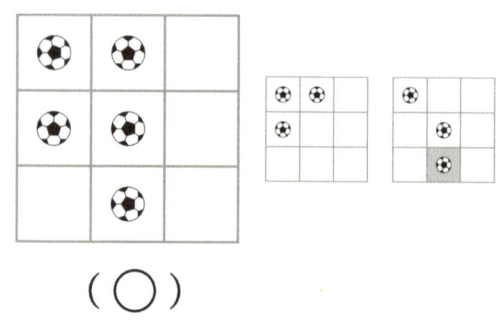
(○)

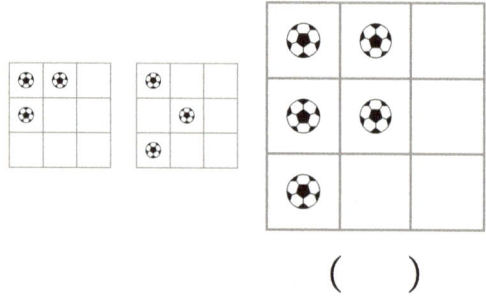
( )

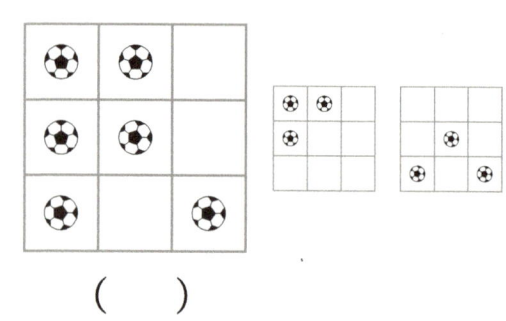
( )

문제 17 · 투명 필름 겹치기

공이 그려진 투명한 필름 두 장을 겹쳐 아래 모양을 만들 수 없는 것에 ○표 하시오. (필름은 돌리거나 뒤집을 수 있습니다.)

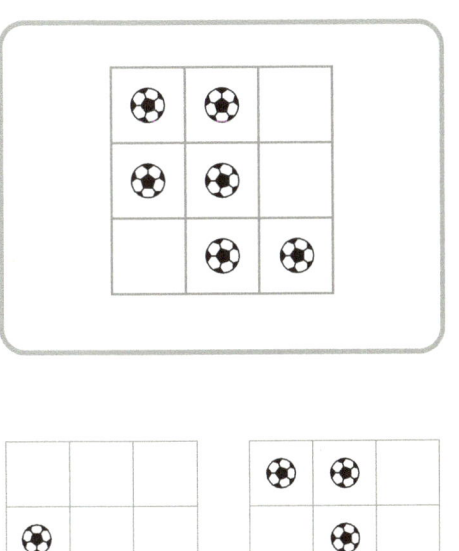

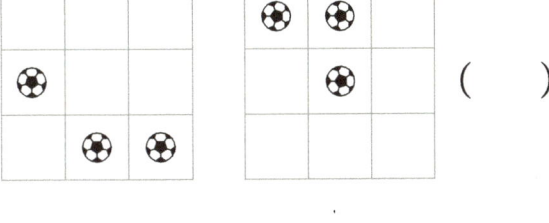 ( )

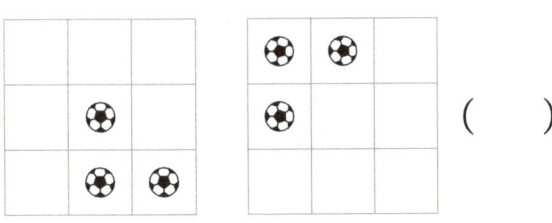 ( )

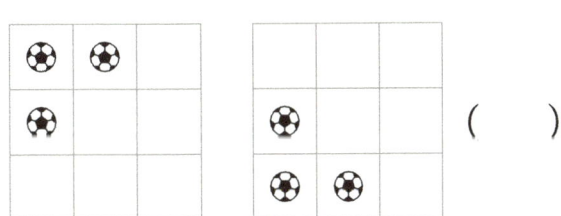 ( )

문제 17(풀이)

공이 그려진 투명한 필름 두 장을 겹쳐 아래 모양을 만들 수 없는 것에 ○표 하시오. (필름은 돌리거나 뒤집을 수 있습니다.)

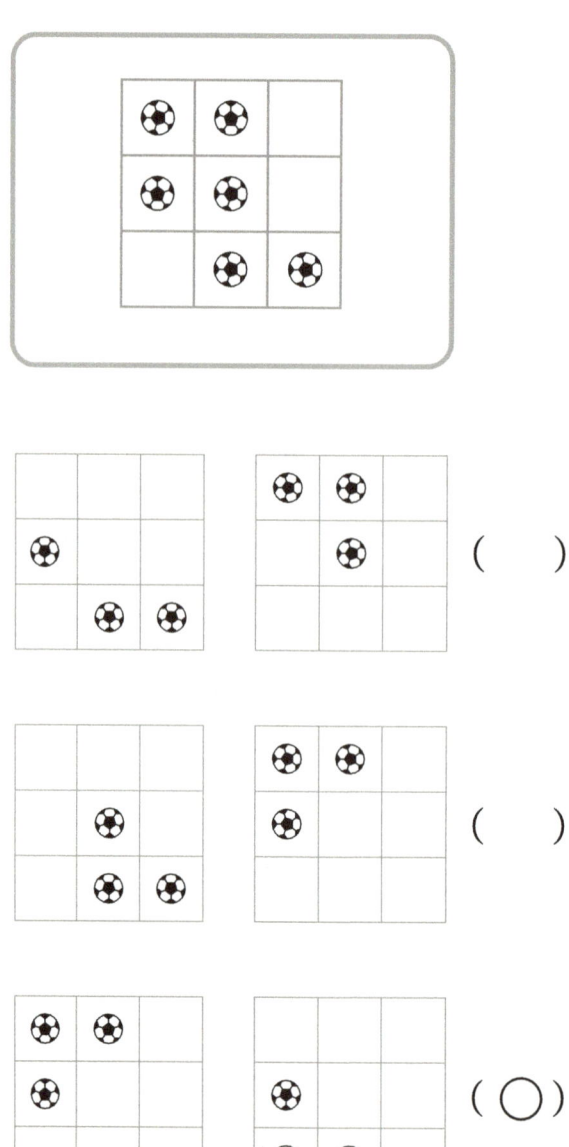

문제 18 · 숫자의 대칭

거울에 비친 숫자의 모양이 틀린 것에 ◯표 하시오.

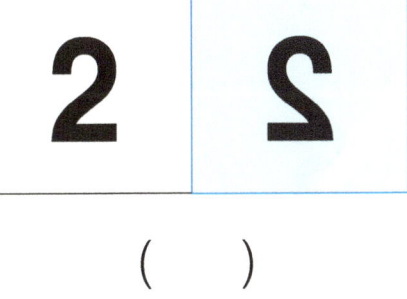
( )

( )

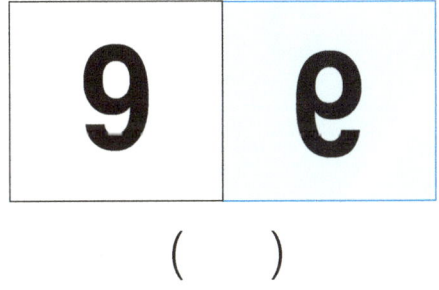
( )

문제 18(풀이)

거울에 비친 숫자의 모양이 틀린 것에 ◯ 표 하시오.

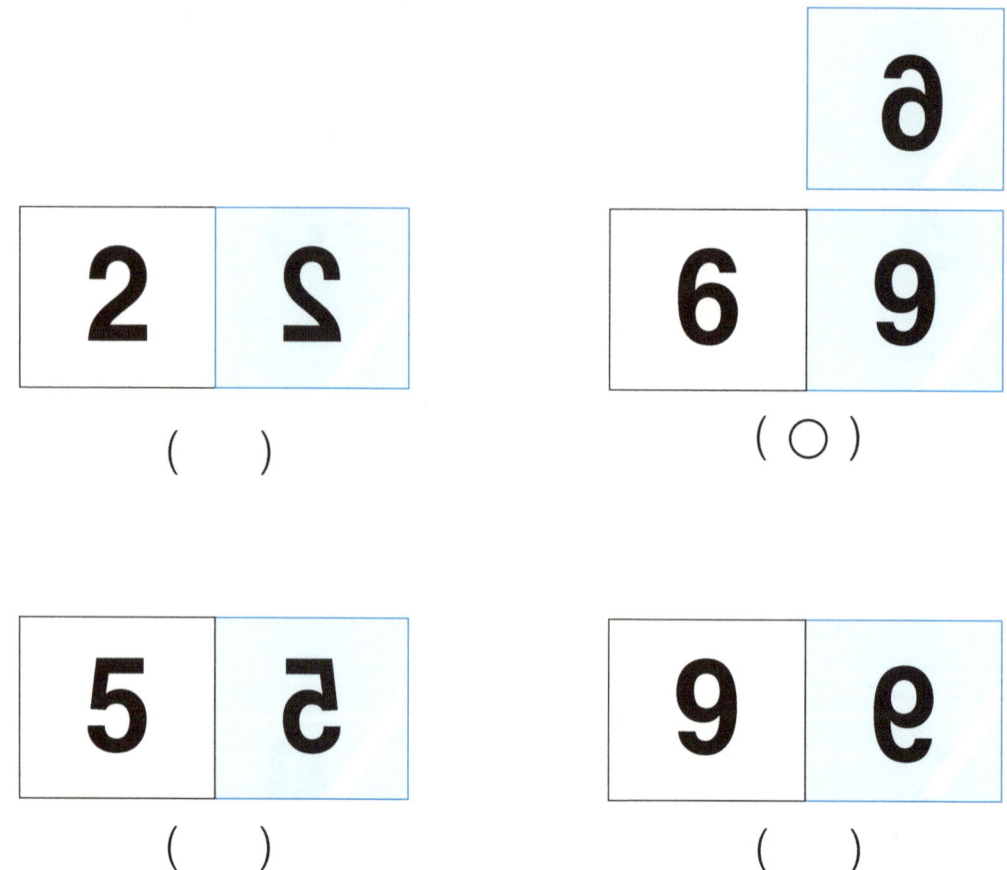

문제 19 · 숫자의 대칭

거울에 비친 숫자의 모양이 틀린 것에 ◯표 하시오.

( )   ( )   ( )   ( )

거울에 비친 숫자의 모양이 틀린 것에 ◯표 하시오.

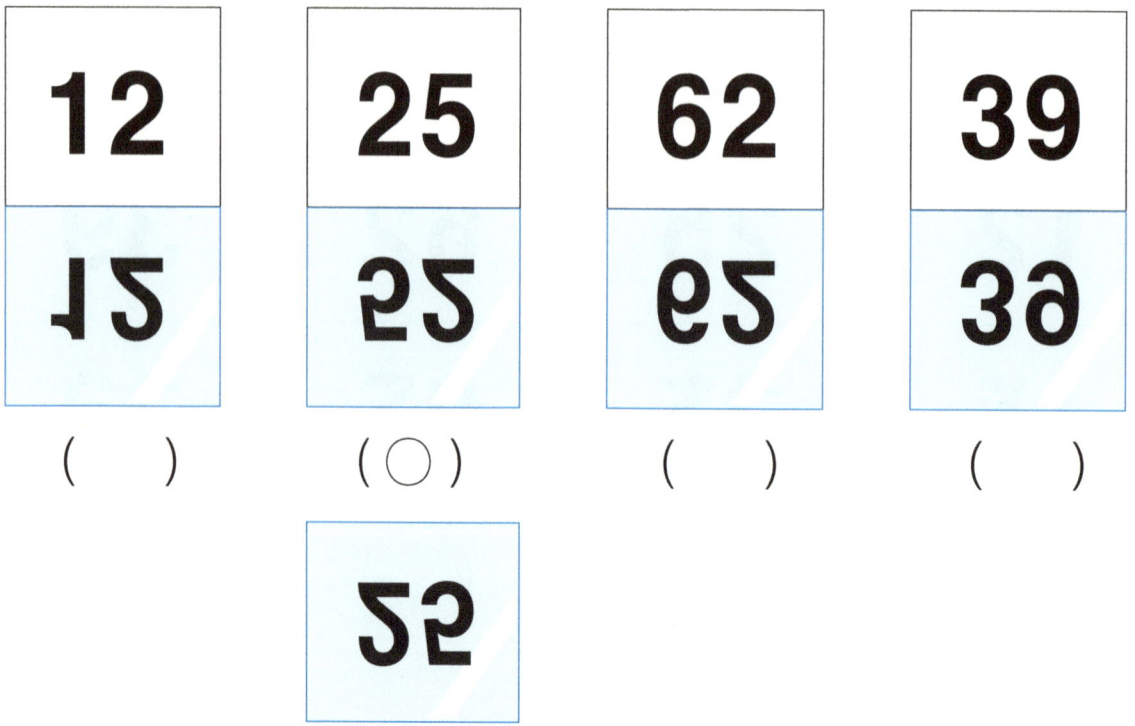

문제 20 · 색종이 한번 접어 오리기

색종이를 그림과 같이 접은 후 가위로 오렸습니다.
색종이를 펼친 모양에 ○ 표 하시오.

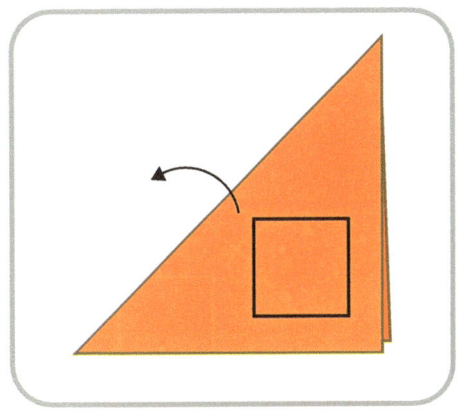

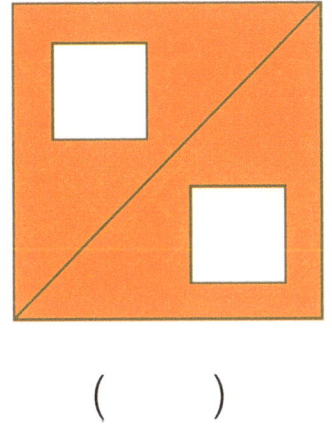
( )

( )

문제 20(풀이)

색종이를 그림과 같이 접은 후 가위로 오렸습니다.
색종이를 펼친 모양에 ○ 표 하시오.

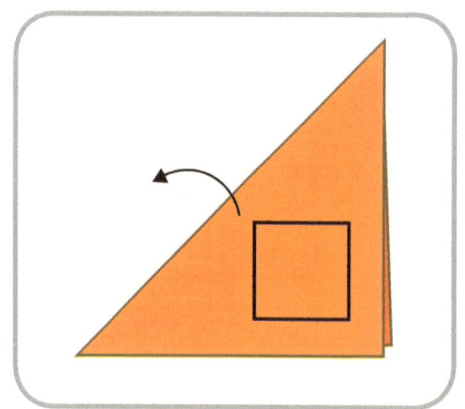

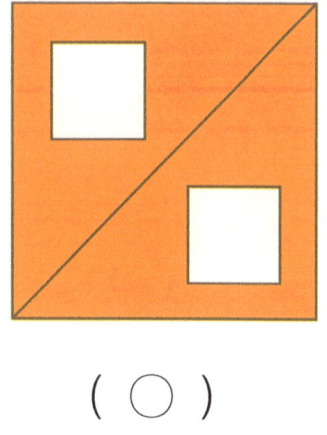
(○)

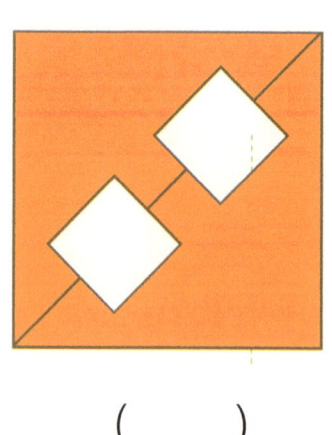
(   )

문제 21 · 색종이 두번 접어 오리기

색종이를 그림과 같이 두번 접은 후 가위로 오렸습니다.
색종이를 펼친 모양에 ◯ 표 하시오.

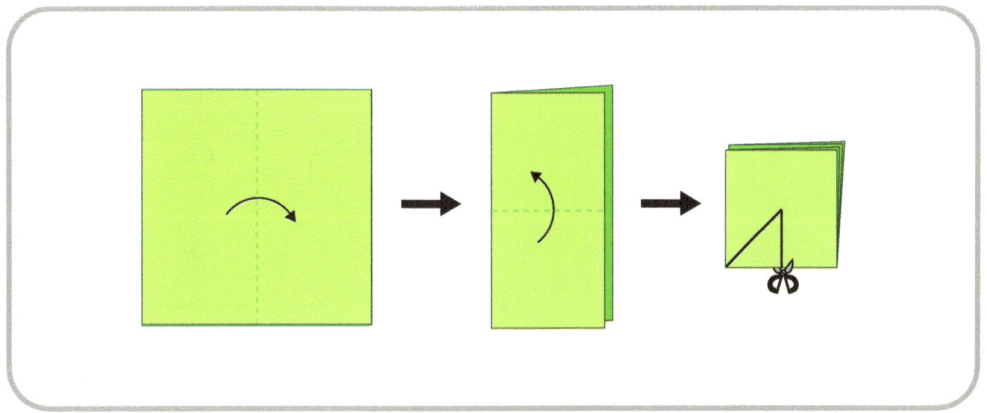

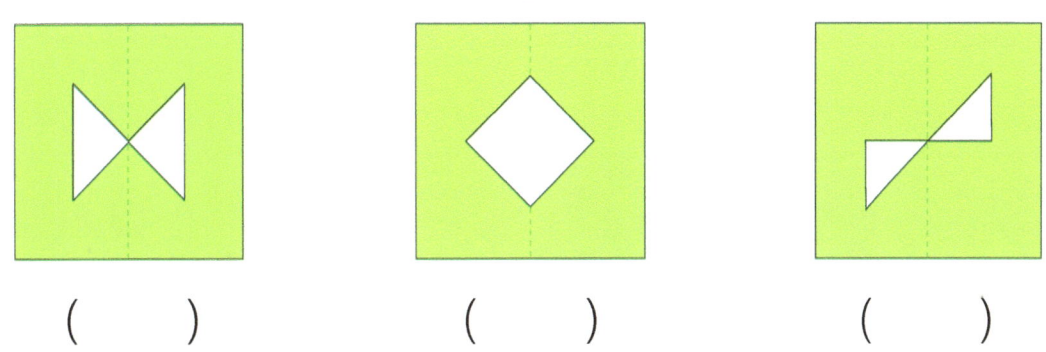

(   )   (   )   (   )

문제 21(풀이)

색종이를 그림과 같이 두번 접은 후 가위로 오렸습니다.
색종이를 펼친 모양에 ○ 표 하시오.

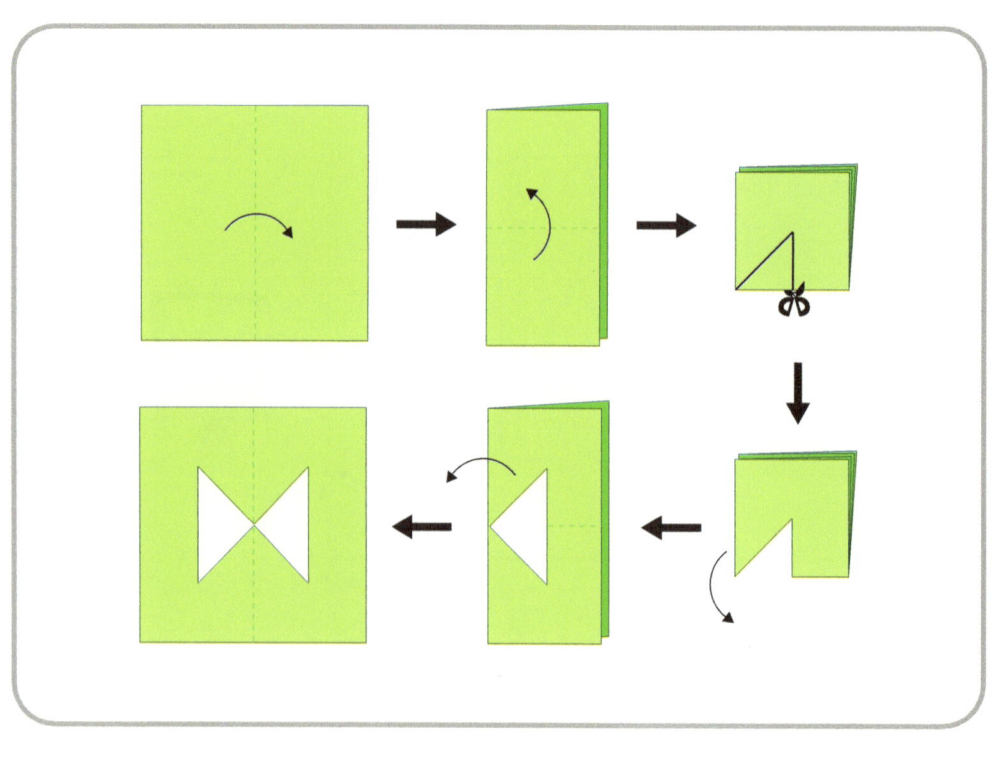

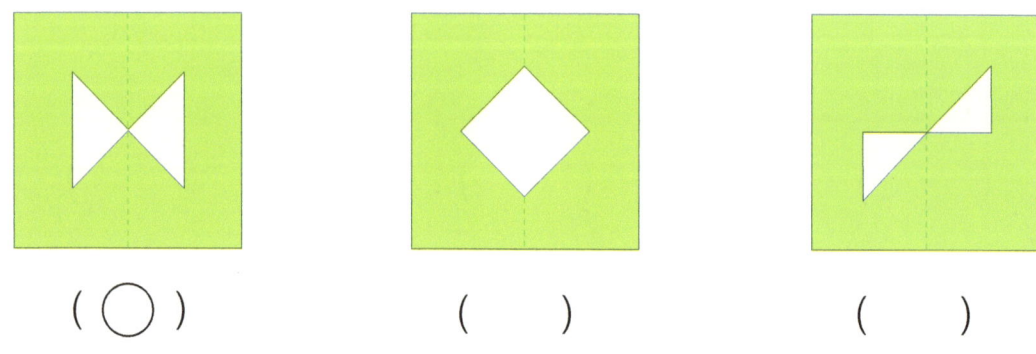

(◯)　　　　( )　　　　( )

상하 대칭과 좌우 대칭의 원리를 이용하면 찾을 수 있습니다.

문제 22 · 색종이 구멍 찾기

색종이를 그림과 같이 접은 후 동그라미를 가위로 오렸습니다.
색종이를 펼쳤을 때 동그라미가 가장 많은 것에 ○ 표 하시오.

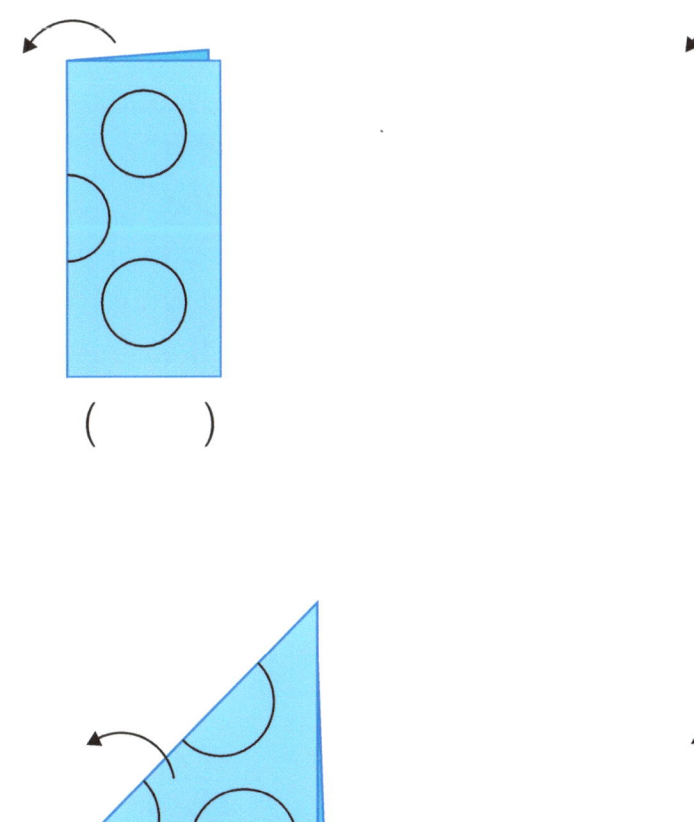

문제 22(풀이)

색종이를 그림과 같이 접은 후 동그라미를 가위로 오렸습니다.
색종이를 펼쳤을 때 동그라미가 가장 많은 것에 ○표 하시오.

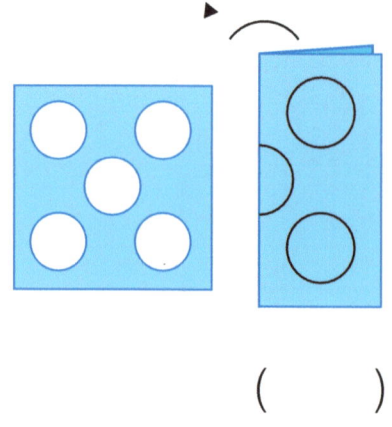
( )

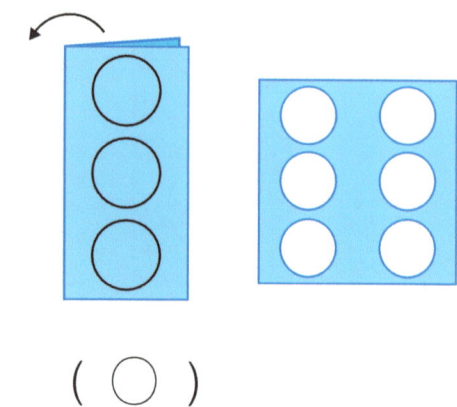
(○)

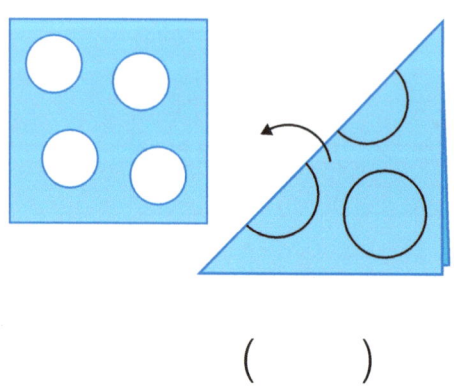
( )

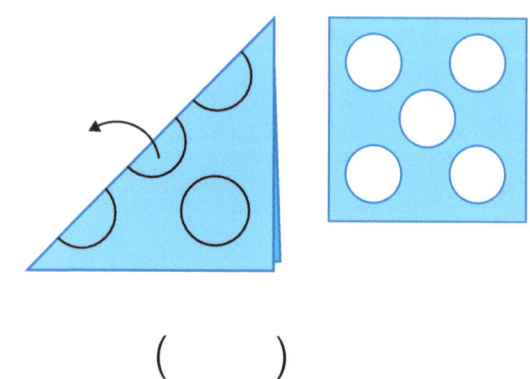
( )

문제 23 · 물의 양 반 만들기

아래와 같은 컵에 물을 가득 채웠을 때 물의 양을 정확히 반으로 만드는 방법을 그림으로 표현하시오.

문제 23(풀이)

아래와 같은 컵에 물을 가득 채웠을 때 물의 양을 정확히 반으로 만드는 방법을 그림으로 표현하시오.

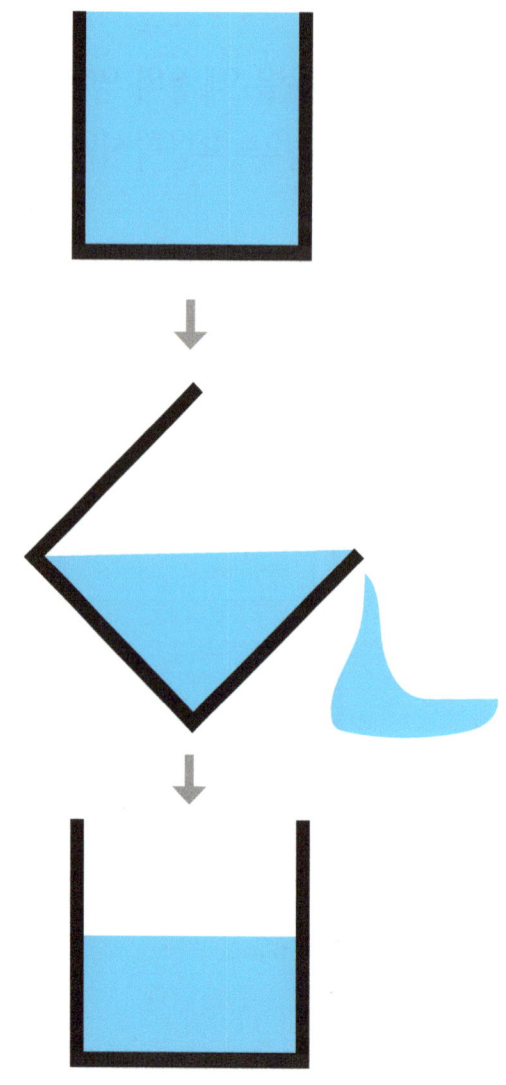

사각형의 대각선을 이용하여 물을 따라버리면 정확히 반으로 만들 수 있습니다.

문제 24 · 무게 알기

추와 무게가 같은 고양이가 도르래의 밧줄에 매달려 있습니다.
고양이가 밧줄을 잡고 위로 올라간다면 반대편 밧줄의 추는 어떻게 될까요?
맞는 것에 ◯ 표 하시오.

아래로 내려간다.　　　　그대로 있다.　　　　위로 올라간다.
　　(　　)　　　　　　　　(　　)　　　　　　　(　　)

문제 24(풀이)

추와 무게가 같은 고양이가 도르래의 밧줄에 매달려 있습니다.
고양이가 밧줄을 잡고 위로 올라간다면 반대편 밧줄의 추는 어떻게 될까요?
맞는 것에 ○ 표 하시오.

아래로 내려간다.　　　그대로 있다.　　　위로 올라간다.
　(　)　　　　　　　(○)　　　　　　(　)

무게가 같다면 고양이가 밧줄에 매달려 있는 동안은 추와 균형을 이룹니다.

문제 25 · 요일 알기

오늘은 3월 24일 수요일입니다. 3월 31일은 무슨 요일인지 쓰시오.

( ) 요일

문제 25(풀이)

오늘은 3월 24일 수요일입니다. 3월 31일은 무슨 요일인지 쓰시오.

(수)요일

| 수 | 목 | 금 | 토 | 일 | 월 | 화 | 수 |
| 24 | 25 | 26 | 27 | 28 | 29 | 20 | 31 |

문제 26 · 요일 알기

그저께는 7일 월요일이었습니다. 모레는 무슨 요일인지 쓰시오.

( )요일

월 화 수 목 금 토 일

문제 26(풀이)

그저께는 7일 월요일이었습니다. 모레는 무슨 요일인지 쓰시오.

(금)요일

월 화 수 목 금 토 일
그저께　　　오늘　　　모레

문제 27 · 막대 옮기기

막대 3개를 움직여서 물고기가 아래를 향하도록 옮겼습니다.
옮긴 막대 3개에 ○표 하시오.

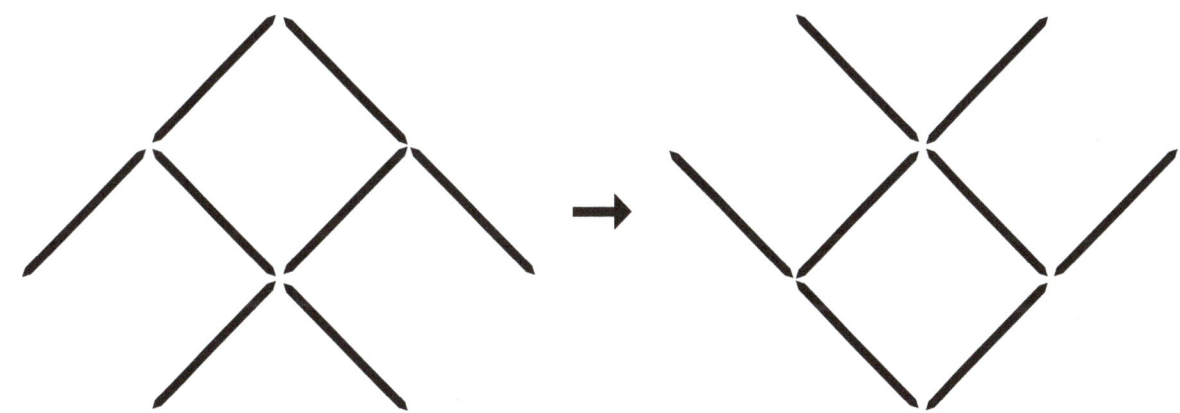

문제 27(풀이)

막대 3개를 움직여서 물고기가 아래를 향하도록 옮겼습니다.
옮긴 막대 3개에 ◯표 하시오.

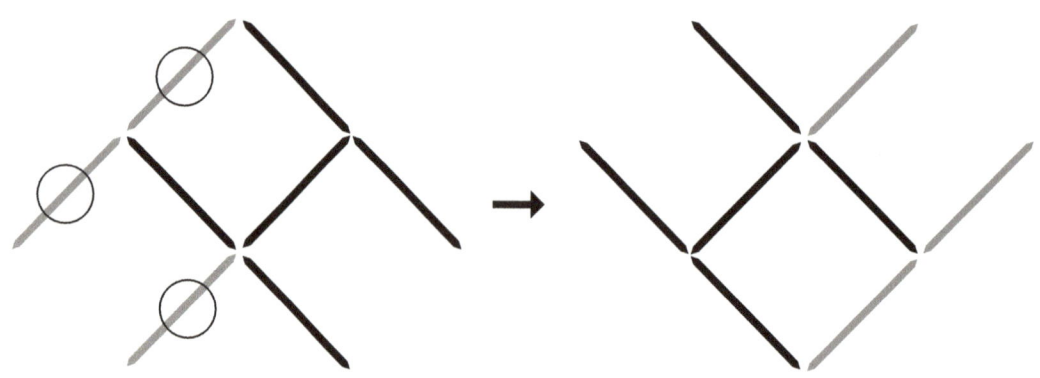

대칭이 되는 모양은 같은 방법으로 간주합니다.

문제 28 · 정사각형 3개 만들기

막대 4개를 움직여서 정사각형 3개를 만든 모양을 그리시오.

문제 28(풀이)

막대 4개를 움직여서 정사각형 3개를 만든 모양을 그리시오.

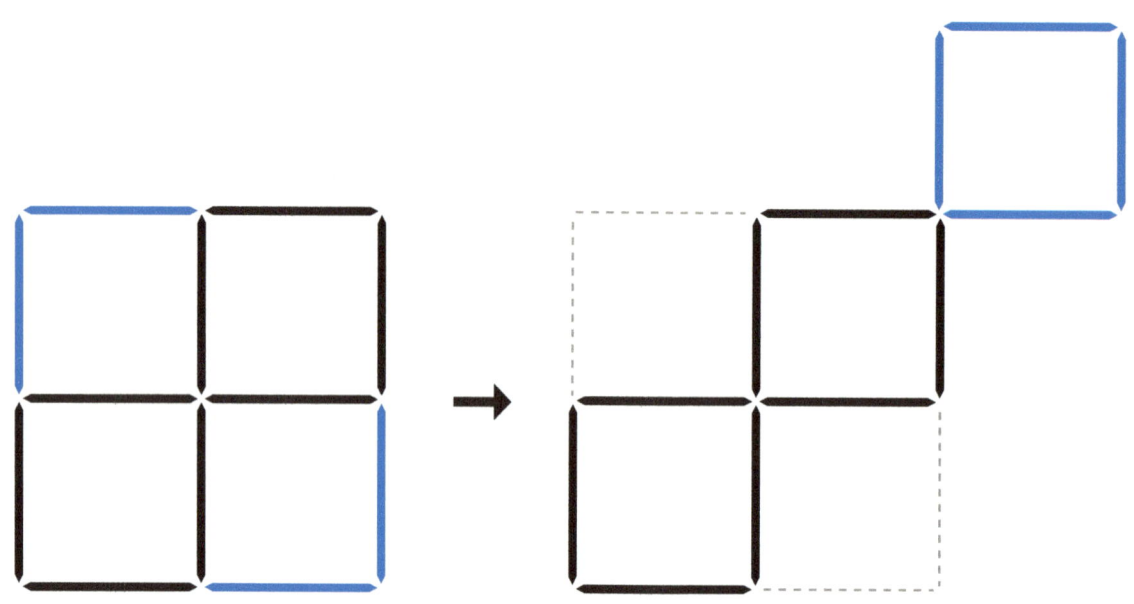

문제 29 · 정사각형 없애기

아래 정사각형에서 최소 몇 개의 막대를 없애면
정사각형 모양이 모두 없어질까요?

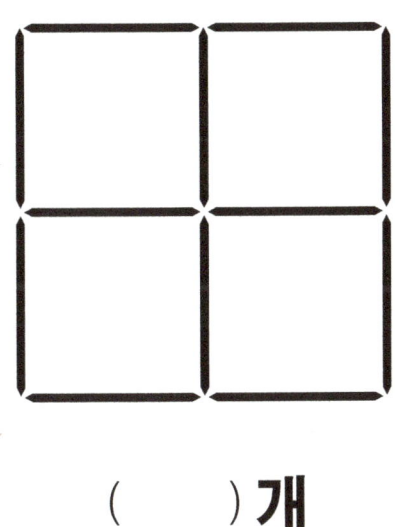

( ) 개

문제 29(풀이)

아래 정사각형에서 최소 몇 개의 막대를 없애면
정사각형 모양이 모두 없어질까요?

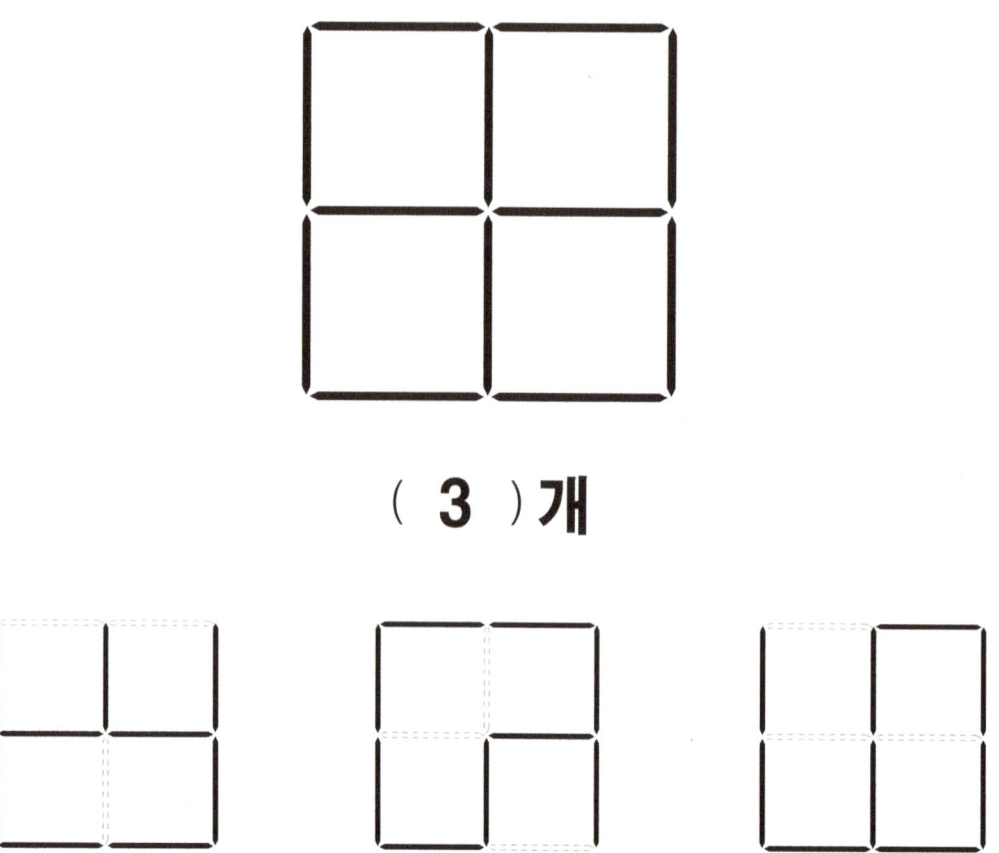

(**3**)개

이 외에도 여러 가지가 있지만 큰 정사각형 때문에 반드시
최소 3개의 성냥개비를 없애야 합니다.

문제 30 · 사각형 반으로 나누기

막대 3개를 추가하여 아래 사각형을 반으로 나누시오.

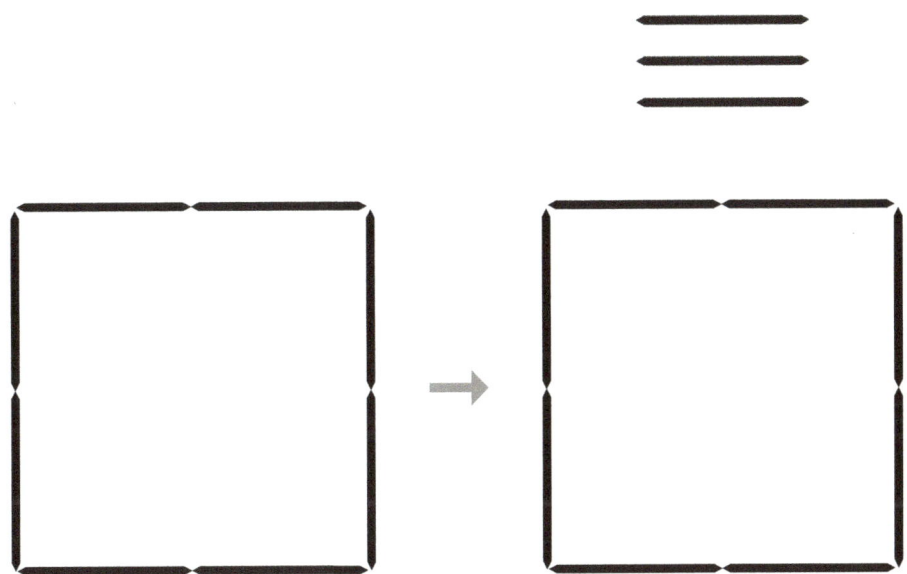

문제 30(풀이)

막대 3개를 추가하여 아래 사각형을 반으로 나누시오.

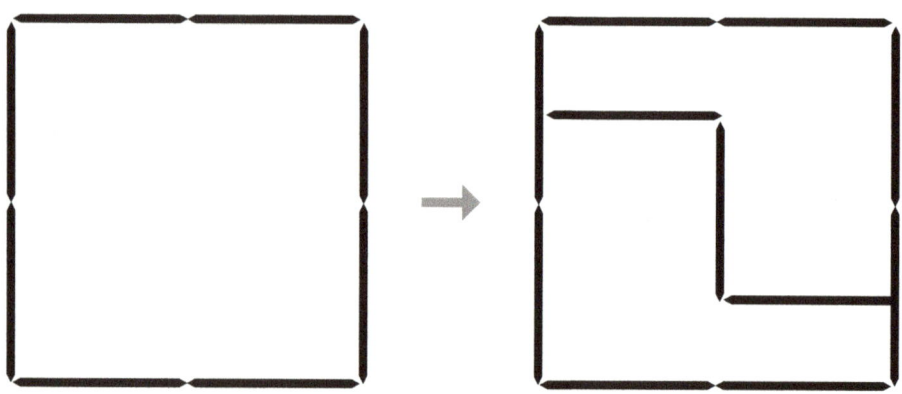

문제 31 · 동그라미 밖으로 옮기기

막대 1개를 움직여서 동그라미를 밖으로 옮긴 모양을 그리시오.

막대 1개를 움직여서 동그라미를 밖으로 옮긴 모양을 그리시오.

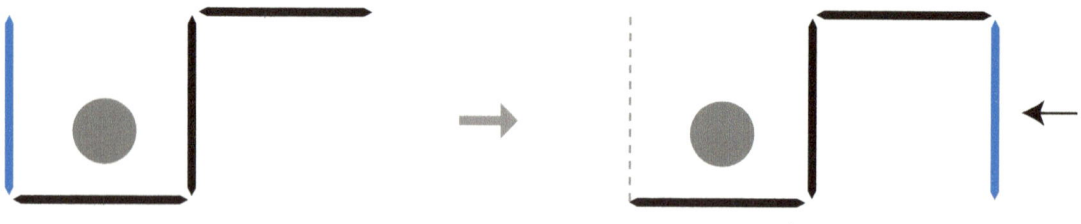

문제 32 · 동그라미 밖으로 옮기기

막대 2개를 움직여서 동그라미를 밖으로 옮긴 모양을 그리시오.

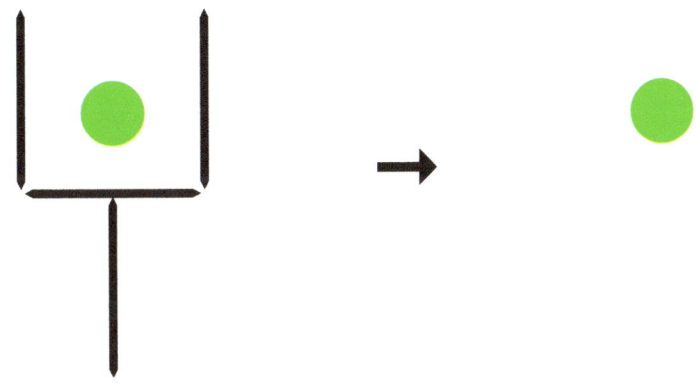

막대 2개를 움직여서 동그라미를 밖으로 옮긴 모양을 그리시오.

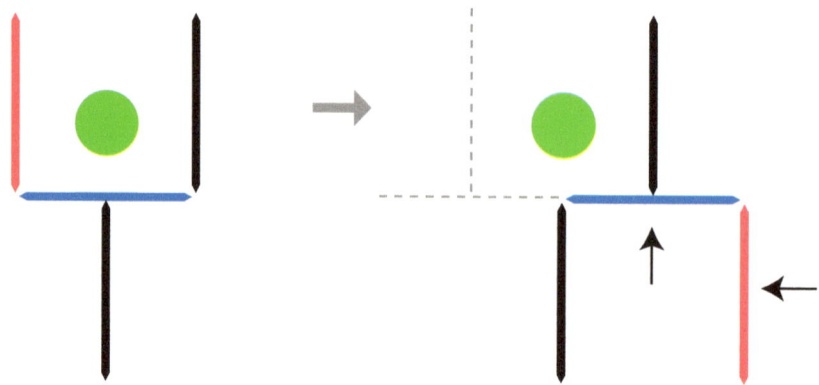

문제 33 · 계단 블록 찾기

계단 모양으로 블록을 쌓은 후 보이는 블록을 점으로 표시하였습니다.
점 모양을 보고 맞는 모양에 ○ 표 하시오.

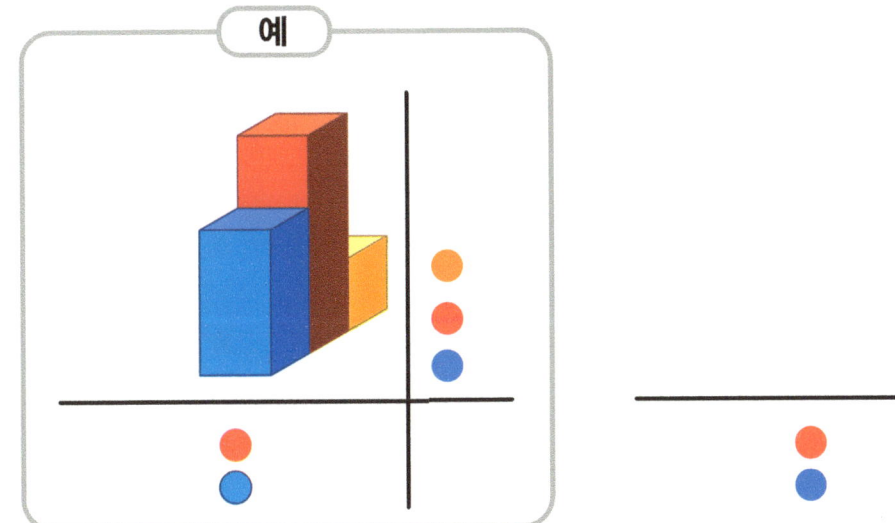

( )

( )

문제 33(풀이)

계단 모양으로 블록을 쌓은 후 보이는 블록을 점으로 표시하였습니다.
점 모양을 보고 맞는 모양에 ○ 표 하시오.

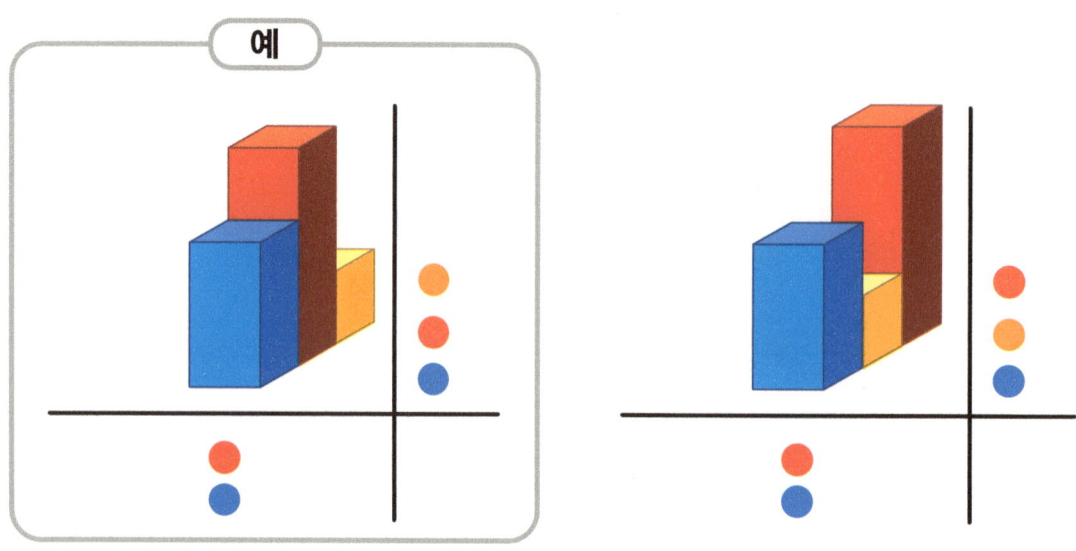

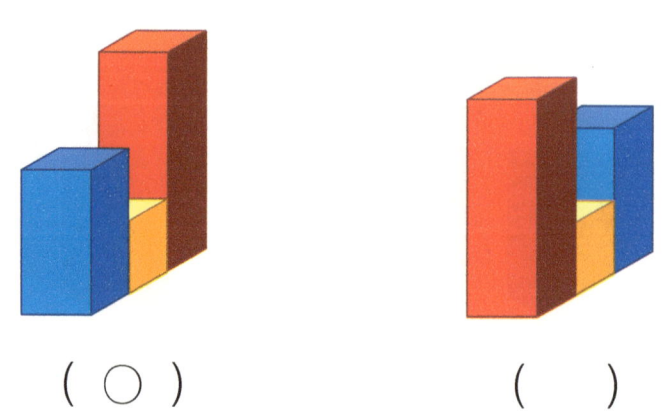

(○)   (   )

문제 34 · 계단 블록 찾기

계단 모양으로 블록을 쌓은 후 보이는 블록을 점으로 표시하였습니다.
점 모양을 보고 맞는 모양에 ○ 표 하시오.

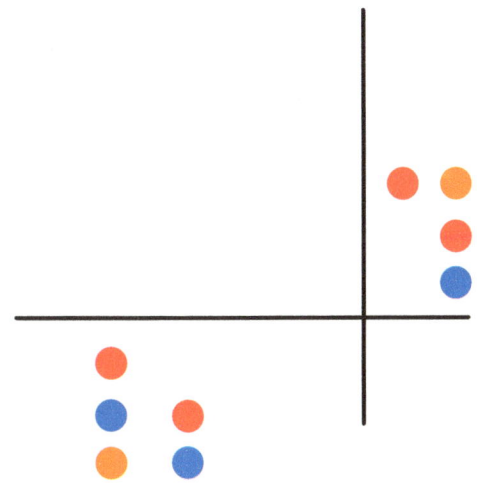

   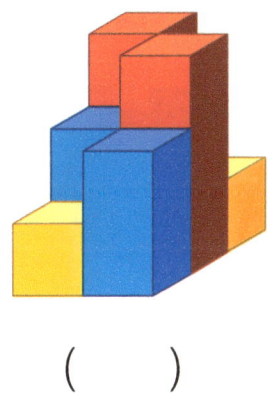

( )   ( )

문제 34(풀이)

계단 모양으로 블록을 쌓은 후 보이는 블록을 점으로 표시하였습니다.
점 모양을 보고 맞는 모양에 ○표 하시오.

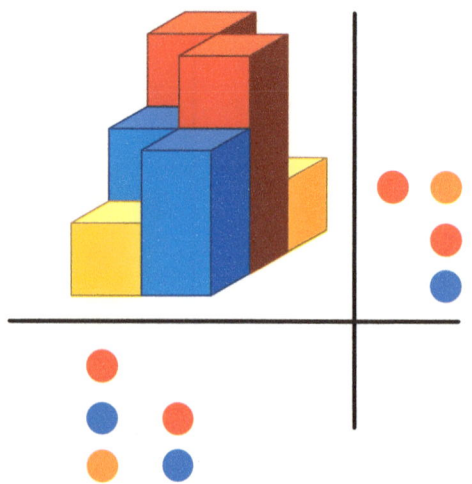

( )

(○)

문제 35 · 도형 겹치기

아래 정삼각형과 정사각형을 겹쳤을 때 나올 수 없는 모양에 ○표 하시오.

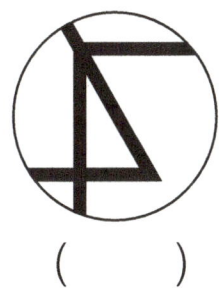
( )

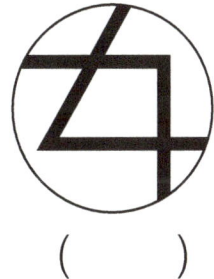
( )

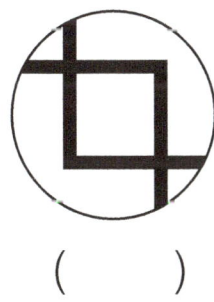
( )

( )

문제 35(풀이)

아래 정삼각형과 정사각형을 겹쳤을 때 나올 수 없는 모양에 ○표 하시오.

문제 36 · 같은 열쇠 찾기

〈보기〉의 열쇠와 똑같은 열쇠를 찾아 ◯표 하시오.

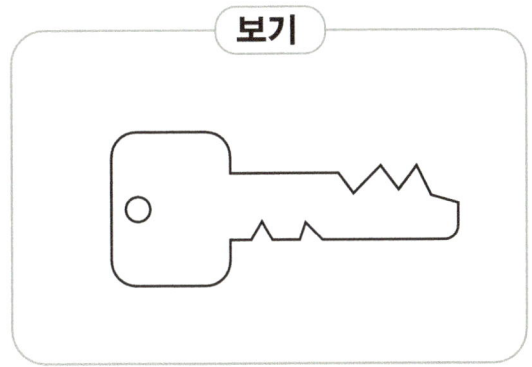

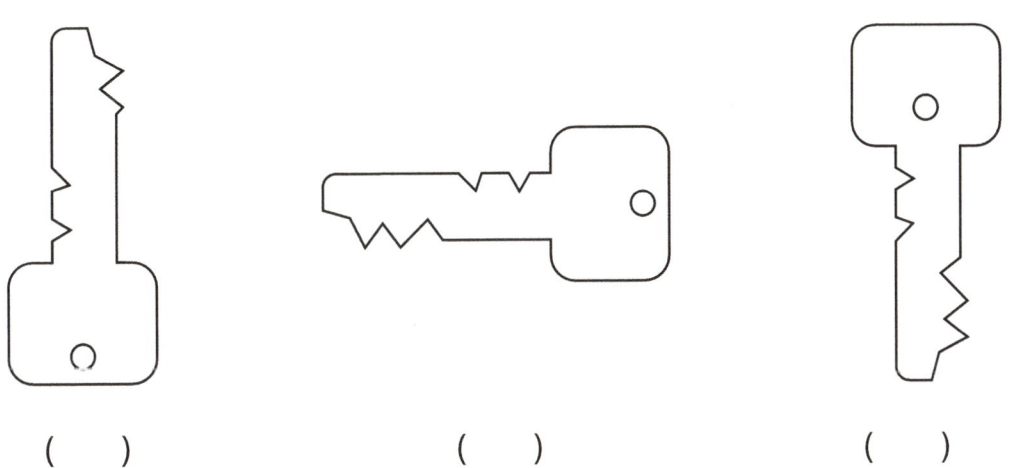

(   )　　　　　(   )　　　　　(   )

문제 36(풀이)

(보기)의 열쇠와 똑같은 열쇠를 찾아 ◯표 하시오.

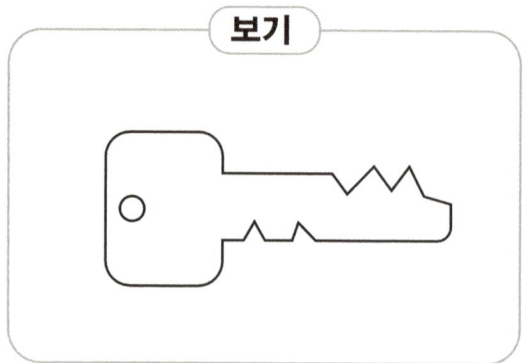

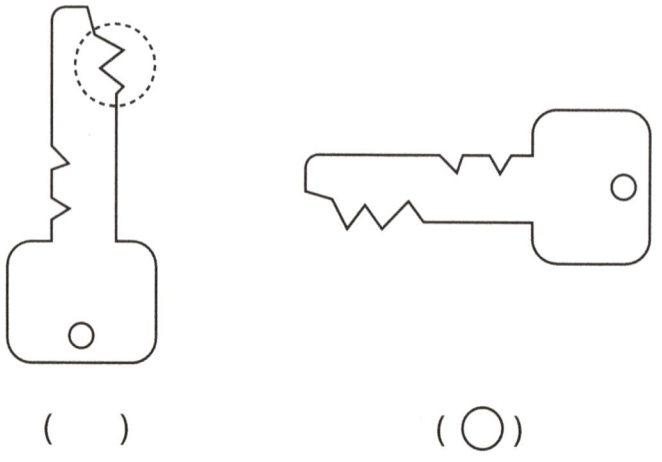

( )　　　　　(◯)　　　　　( )

톱니의 모양이 다릅니다.　　　　　동그라미의 위치가 다릅니다.

문제 37 · 다른 화살 찾기

아래 화살 중 나머지 셋과 다른 하나에 ○ 표 하시오.

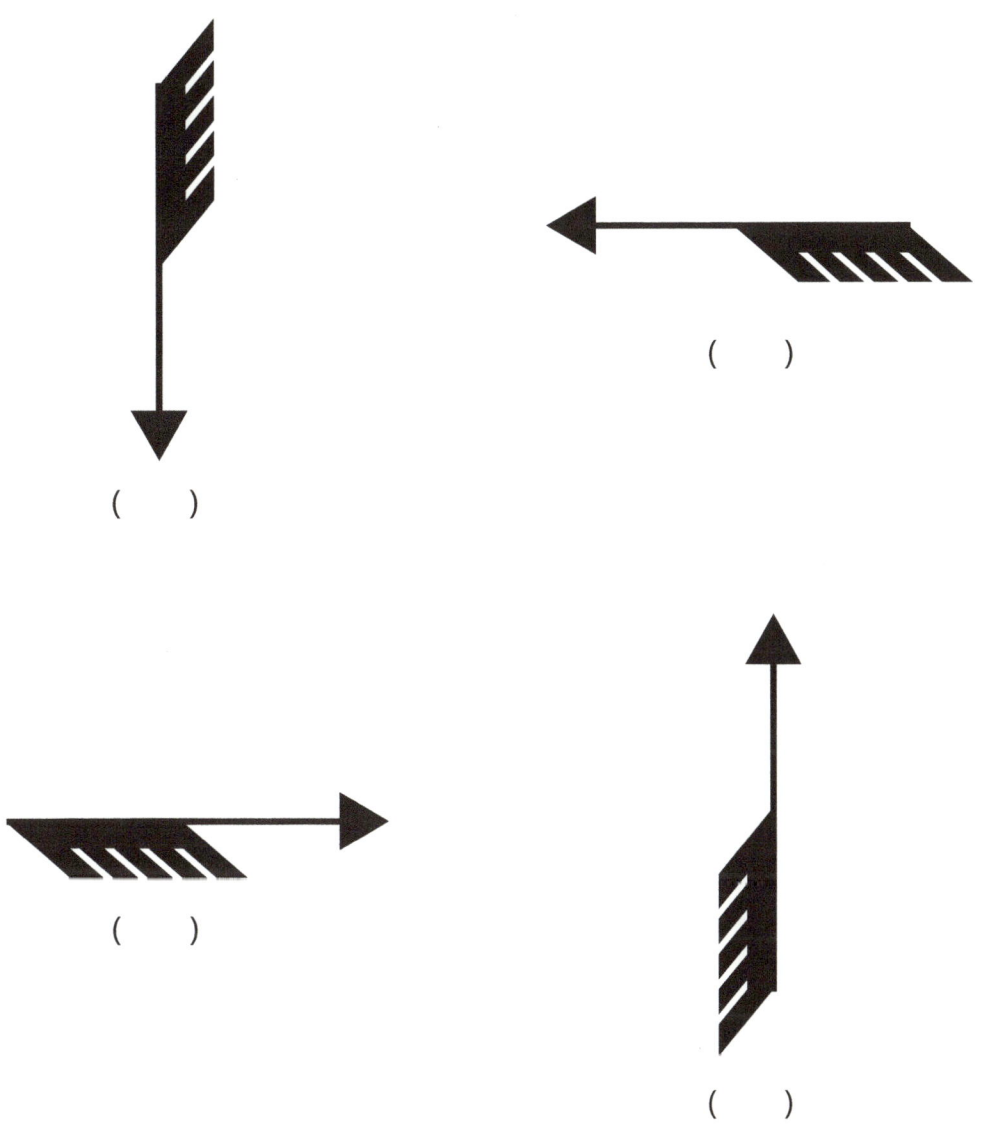

아래 화살 중 나머지 셋과 다른 하나에 ◯표 하시오.

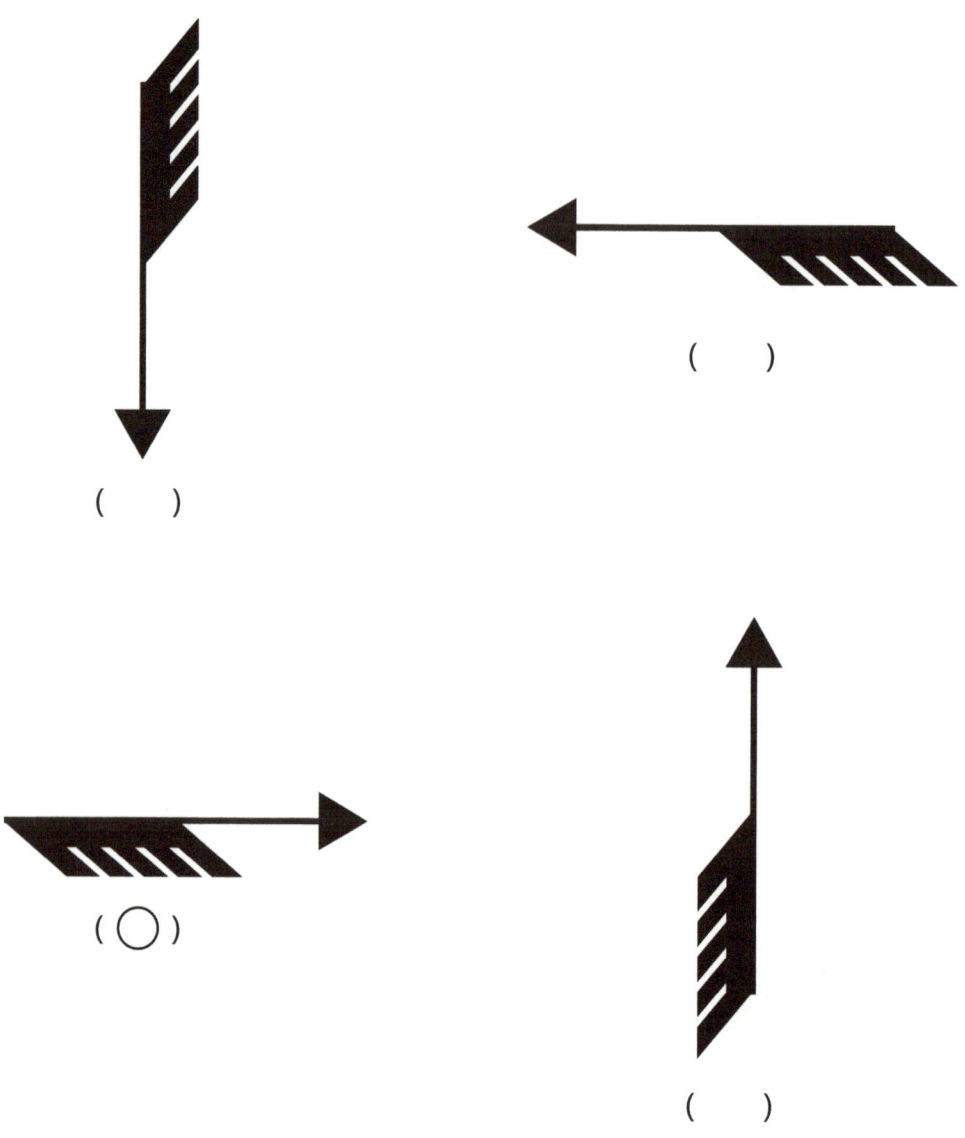

문제 38 · 원통에 감기

종이를 잘라 원통에 감았습니다. 펼쳤을 때의 종이 모양에 ○ 표 하시오.

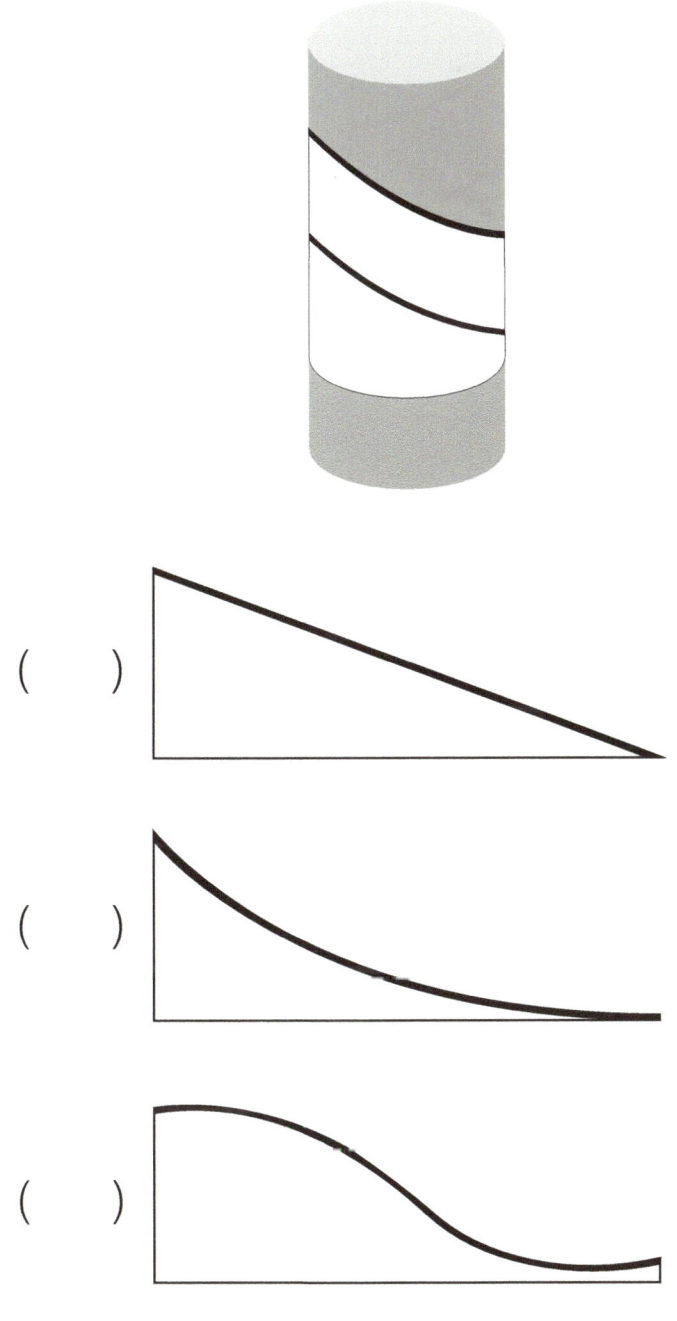

문제 38(풀이)

종이를 잘라 원통에 감았습니다. 펼쳤을 때의 종이 모양에 ○ 표 하시오.

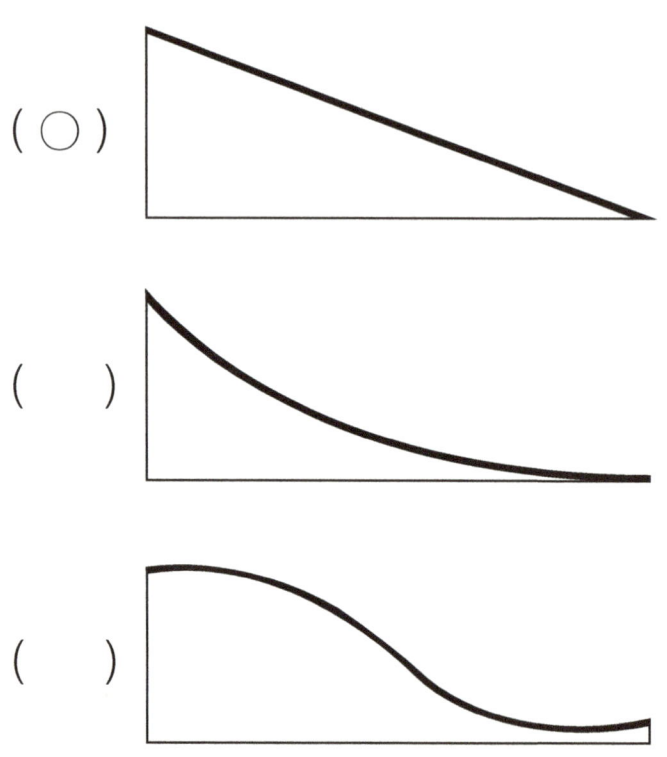

종이를 잘라 원통형에 감아 확인해 보세요.

문제 39 · 동전 돌리기

동전을 굴려 시작과 같은 모양이 되려면 한 바퀴를 돌려야 합니다.

그렇다면 동전을 한 개 고정시키고 그 동전 둘레를 돌아 또 하나의 동전이 처음 위치로 오려면 동전이 몇 바퀴 돌아야 할까요?

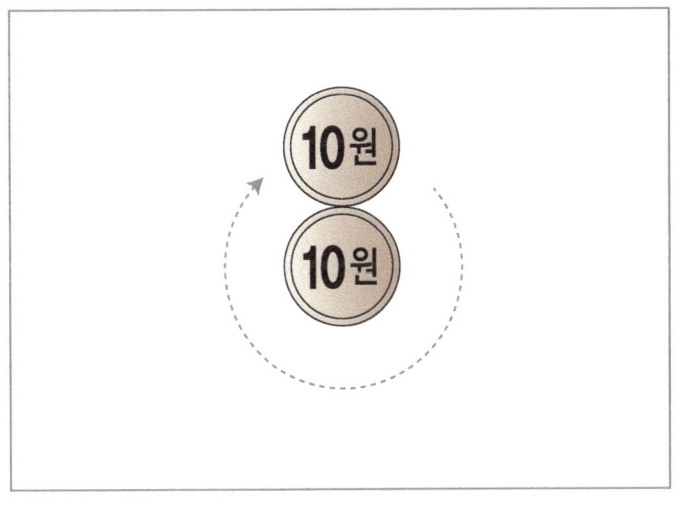

( ) 바퀴

동전을 굴려 시작과 같은 모양이 되려면 한 바퀴를 돌려야 합니다.

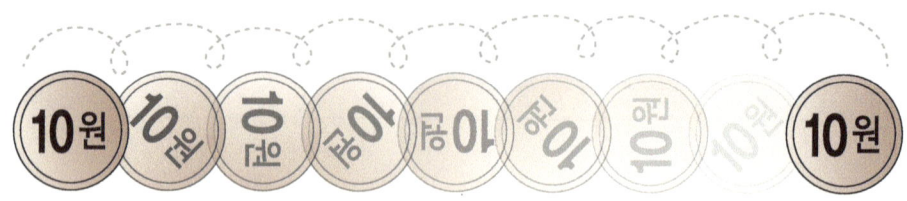

그렇다면 동전을 한 개 고정시키고 그 동전 둘레를 돌아 또 하나의 동전이 처음 위치로 오려면 동전이 몇 바퀴 돌아야 할까요?

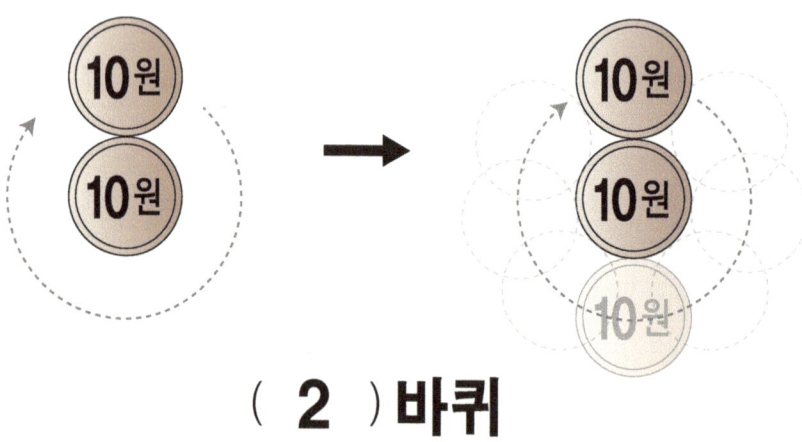

(2)바퀴

문제 40 · 하노이컵 옮기기

하노이컵을 규칙에 맞게 A에서 C로 옮기려고 합니다.
가장 적은 횟수로 몇 번만에 옮길 수 있을까요?

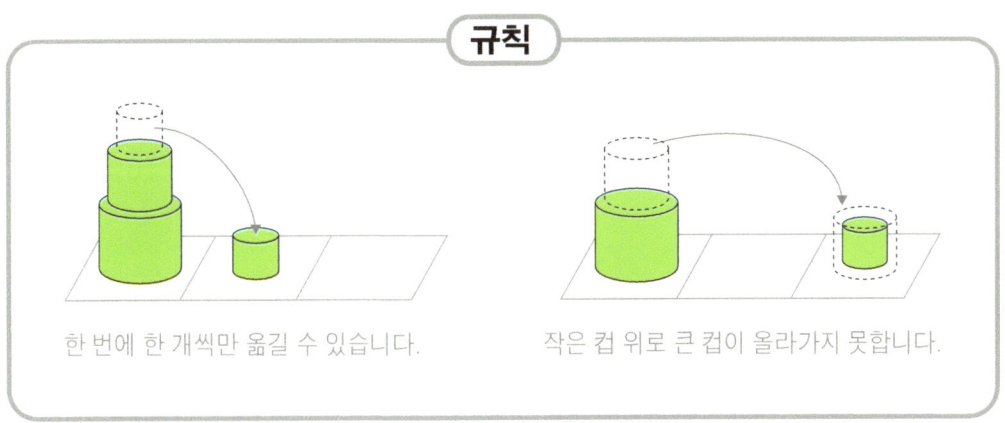

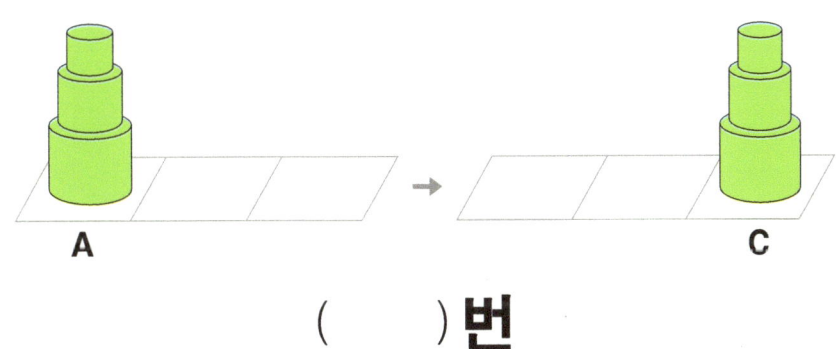

( )번

문제 40(풀이)

하노이컵을 규칙에 맞게 A에서 C로 옮기려고 합니다.
가장 적은 횟수로 몇 번만에 옮길 수 있을까요?

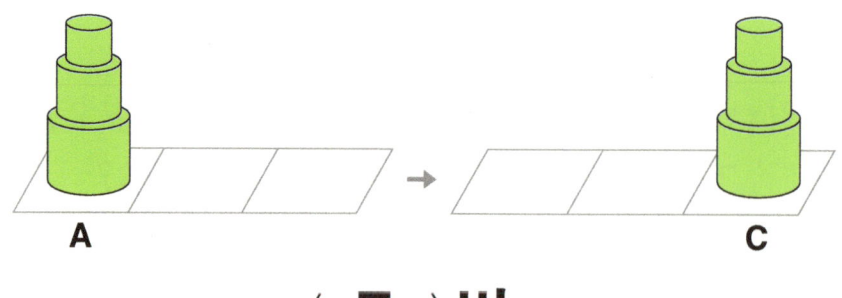

(**7**)번

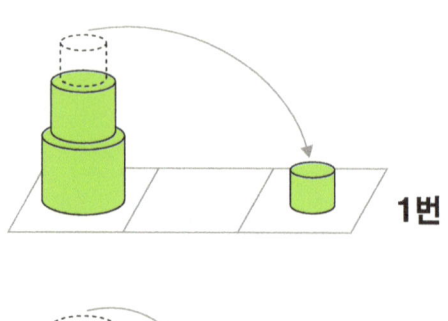
1번

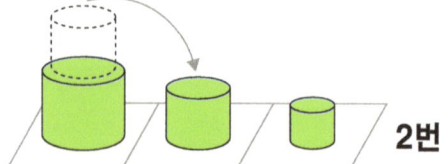
2번

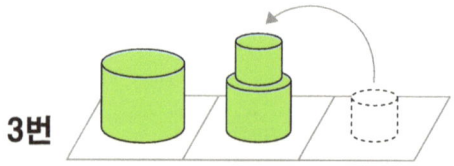
3번

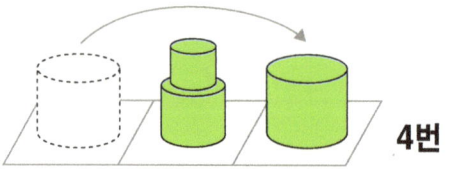
4번

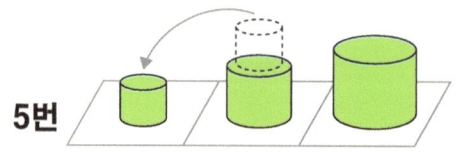
5번

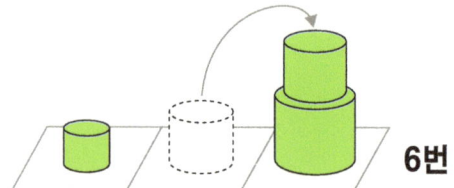
6번

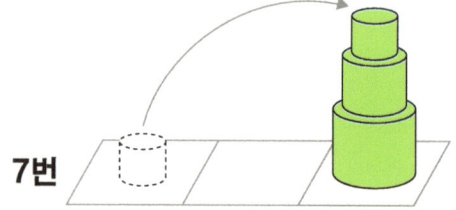
7번

상위 **10%** 영재아를 위한

한버공 **영재 수학퀴즈**

1. 2. 3권 차례

차례

문제 1 · 다각형 알기 ………… 5

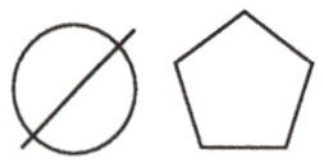

문제 2 · 다각형 알기 ………… 7

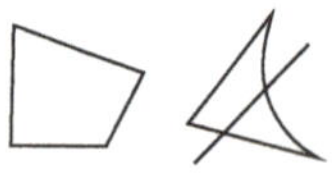

문제 3 · 입체도형 알기 ………… 9

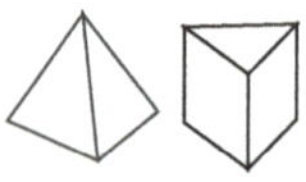

문제 4 · 선대칭 알기 ………… 11

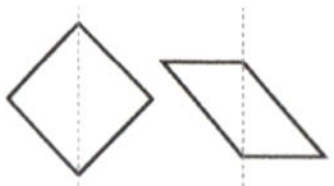

문제 5 · 선대칭 알기 ………… 13

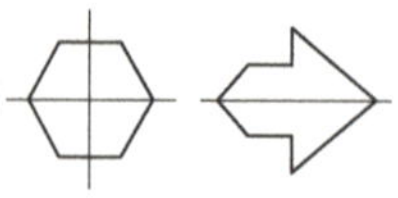

문제 6 · 입체도형 전개도 알기 … 15

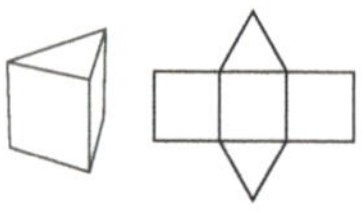

문제 7 · 이등변 삼각기둥 전개도 알기 … 17

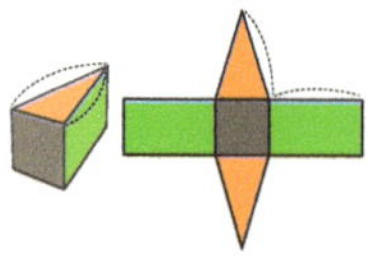

문제 8 · 정사면체 전개도 알기 … 19

문제 9 · 정육면체 전개도 알기 … 21

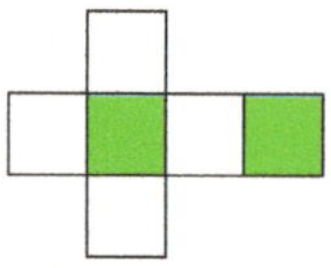

문제 10 · 주사위 눈 위치 알기 ……… 23

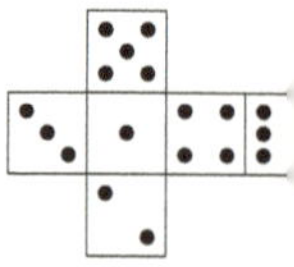

문제 11 · 주사위 숫자 위치 알기 …… 25

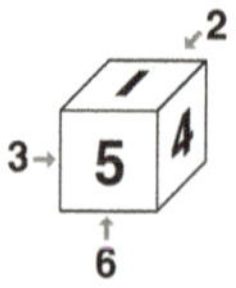

문제 12 · 주사위 굴리기 …………… 27

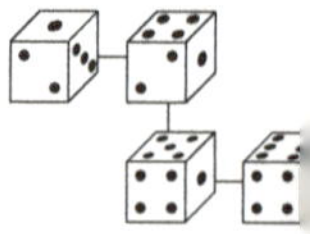

문제 13 · 두조각 같은 모양으로 나누기 … 29

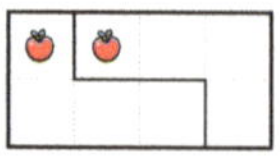

문제 14 · 두조각 같은 모양으로 나누기 … 31

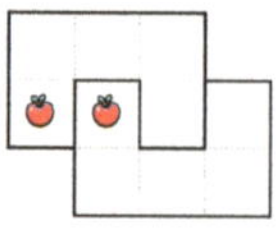

문제 15 · 세조각 같은 모양으로 나누기 … 33

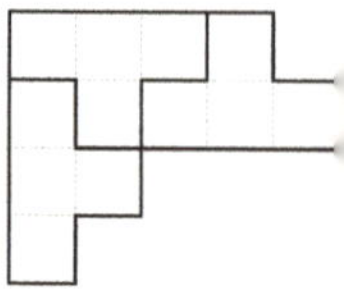

문제 16 · 네조각 같은 모양으로 나누기 … 35

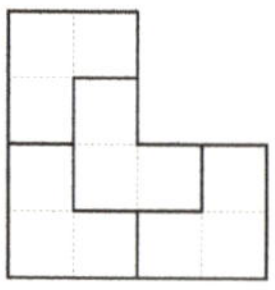

문제 17 · 네조각 같은 모양으로 나누기 … 37

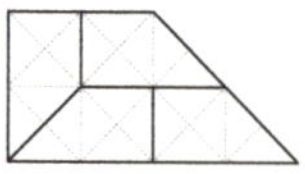

문제 18 · 정사각형 4개 연결하기 …… 39

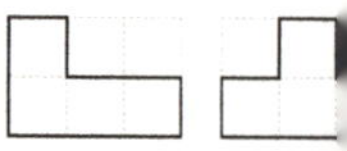

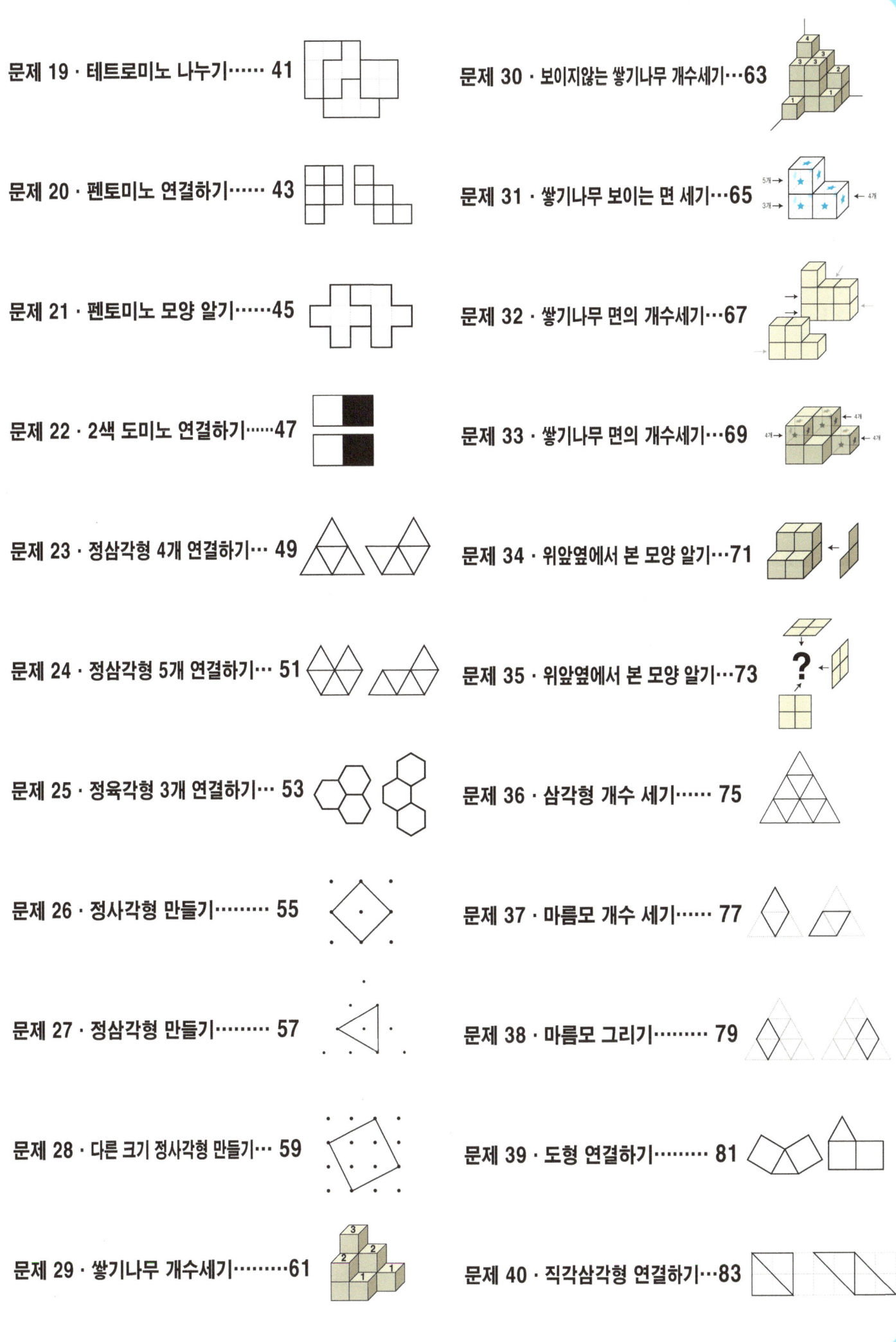

문제 19 · 테트로미노 나누기······ 41
문제 20 · 펜토미노 연결하기······ 43
문제 21 · 펜토미노 모양 알기······ 45
문제 22 · 2색 도미노 연결하기······ 47
문제 23 · 정삼각형 4개 연결하기··· 49
문제 24 · 정삼각형 5개 연결하기··· 51
문제 25 · 정육각형 3개 연결하기··· 53
문제 26 · 정사각형 만들기········ 55
문제 27 · 정삼각형 만들기········ 57
문제 28 · 다른 크기 정사각형 만들기··· 59
문제 29 · 쌓기나무 개수세기········ 61

문제 30 · 보이지않는 쌓기나무 개수세기···63
문제 31 · 쌓기나무 보이는 면 세기···65
문제 32 · 쌓기나무 면의 개수세기···67
문제 33 · 쌓기나무 면의 개수세기···69
문제 34 · 위앞옆에서 본 모양 알기···71
문제 35 · 위앞옆에서 본 모양 알기···73
문제 36 · 삼각형 개수 세기······ 75
문제 37 · 마름모 개수 세기······ 77
문제 38 · 마름모 그리기········ 79
문제 39 · 도형 연결하기········ 81
문제 40 · 직각삼각형 연결하기···83

❷ 차례

문제 1 · 사각형 나누기 …… 5

문제 2 · 숫자 채우기 ……… 7

문제 3 · 숫자 채우기 ……… 9

문제 4 · 숫자퍼즐 맞추기 … 11

문제 5 · 주사위 눈의 수 쓰기 … 13

문제 6 · 별무늬 퍼즐 오리기 … 15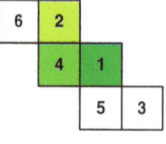

문제 7 · 별무늬 퍼즐 오리기 … 17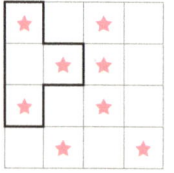

문제 8 · 퍼즐 조각 오리기 … 19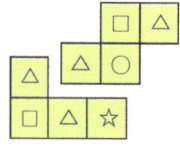

문제 9 · 직사각형 만들기 … 21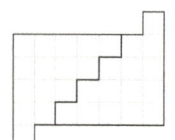

문제 10 · 아래 카드 찾기 …… 23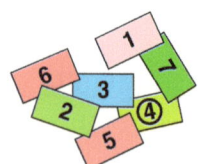

문제 11 · 아래 막대 찾기 …… 25

문제 12 · 고리 연결하기 …… 27

문제 13 · 원판 쌓기 ………… 29

문제 14 · 점대칭 그리기 …… 31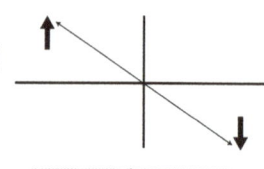

문제 15 · 점대칭 찾기 ……… 33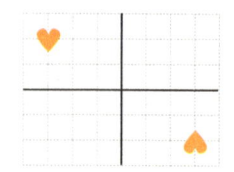

문제 16 · 직선 2개로 점 연결하기 · 35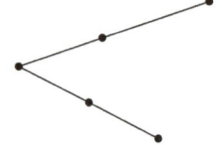

문제 17 · 직선 3개로 점 연결하기 · 37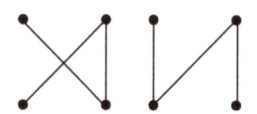

문제 18 · 동그라미 3조각 나누기 · 39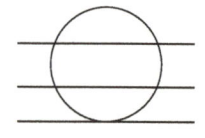

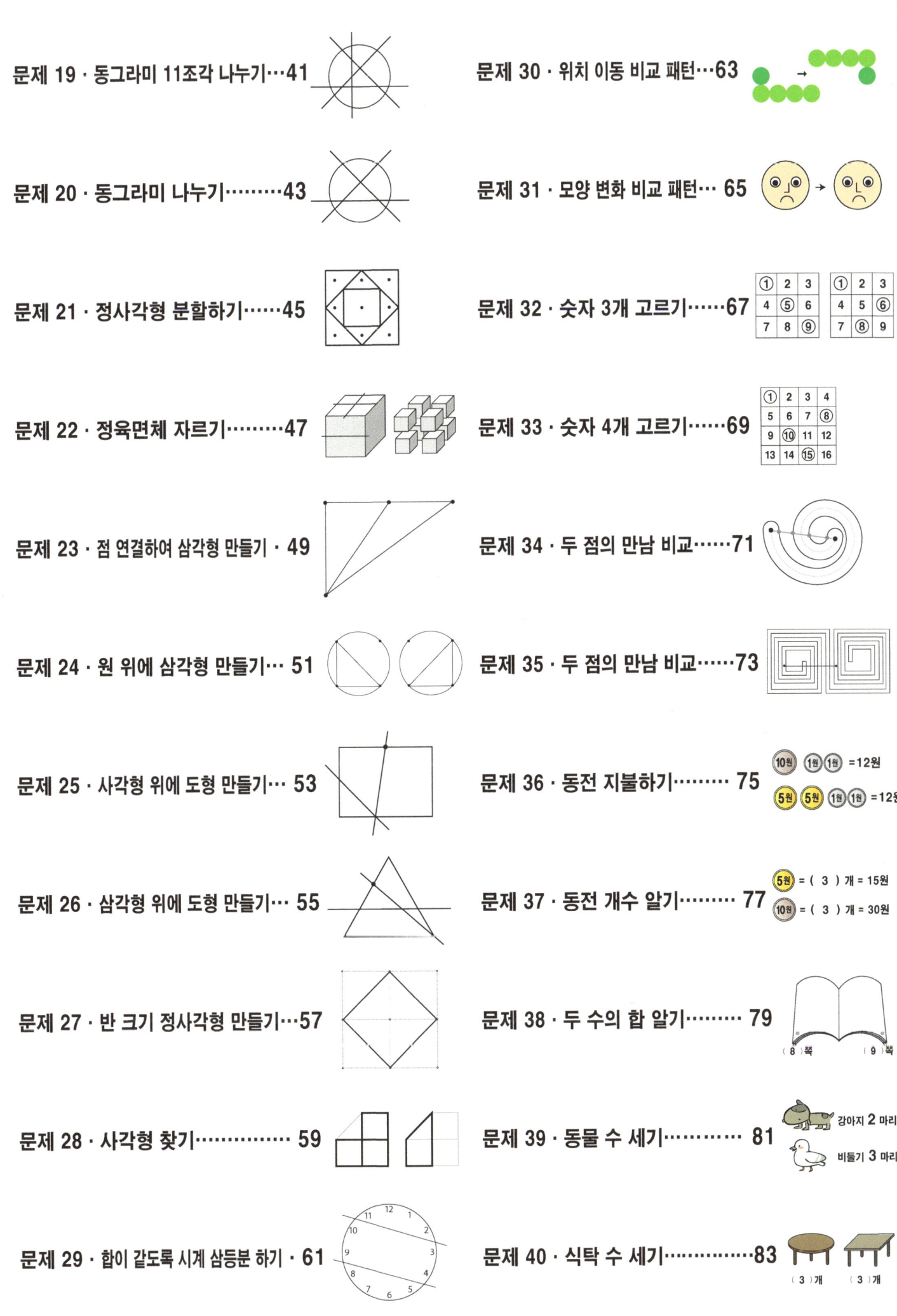

문제 19 · 동그라미 11조각 나누기 … 41
문제 20 · 동그라미 나누기 ……… 43
문제 21 · 정사각형 분할하기 …… 45
문제 22 · 정육면체 자르기 ……… 47
문제 23 · 점 연결하여 삼각형 만들기 · 49
문제 24 · 원 위에 삼각형 만들기 … 51
문제 25 · 사각형 위에 도형 만들기 … 53
문제 26 · 삼각형 위에 도형 만들기 … 55
문제 27 · 반 크기 정사각형 만들기 … 57
문제 28 · 사각형 찾기 …………… 59
문제 29 · 합이 같도록 시계 삼등분 하기 · 61

문제 30 · 위치 이동 비교 패턴 … 63
문제 31 · 모양 변화 비교 패턴 … 65
문제 32 · 숫자 3개 고르기 …… 67
문제 33 · 숫자 4개 고르기 …… 69
문제 34 · 두 점의 만남 비교 …… 71
문제 35 · 두 점의 만남 비교 …… 73
문제 36 · 동전 지불하기 ……… 75
문제 37 · 동전 개수 알기 ……… 77
문제 38 · 두 수의 합 알기 ……… 79
문제 39 · 동물 수 세기 ………… 81
문제 40 · 식탁 수 세기 ………… 83

❸ 차례

문제 1 · 정사각형 넓이 구하기 … 5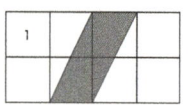

문제 2 · 도형의 둘레 구하기 … 7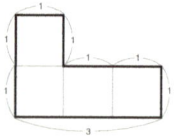

문제 3 · 도형의 둘레 구하기 … 9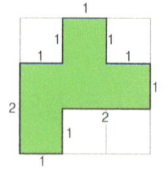

문제 4 · 도형의 둘레 비교 … 11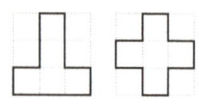

문제 5 · 도형의 둘레 비교 … 13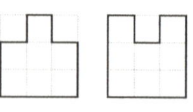

문제 6 · 자른 도형 둘레 비교 … 15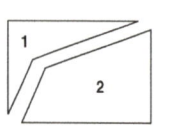

문제 7 · 도형의 넓이 비교 … 17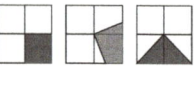

문제 8 · 정사각형 넓이 구하기 … 19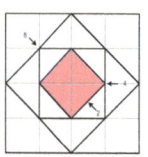

문제 9 · 삼각형 넓이 비교 … 21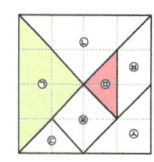

문제 10 · 숫자 찾기 ………… 23   1, 2, 3, 4, 5, 6, 7, 8, 9, 10, 11, ⑫ 13, 14, 15, 16, 17, 18, 19, ⑳ ㉑ ㉒ ㉓ ㉔ ㉕ ㉖ ㉗ ㉘ ㉙

문제 11 · 부호 넣어 식 완성하기 … 25   7 (+) 7 (−) 7 = 7

문제 12 · 부호 넣어 식 완성하기 … 27   4 (+) 5 (+) 8 (−) 8 = 9

문제 13 · 부호 넣어 식 완성하기 … 29   1 (+) 2 (+) 3 (−) 4 (+) 5 (−) 6 =

문제 14 · 덧뺄셈하여 숫자 만들기 … 31   10 = 9+1   11 = 9+3−1
12 = 9+3   13 = 9+3+1

문제 15 · 큰 수 작은 수 만들기 … 33   (1 3 9) (9 3 1)

문제 16 · 세번째 큰 수 만들기 … 35   120   0, 1, 2

문제 17 · 두 수의 합 구하기 … 37   (41) + (32) = (73)

문제 18 · 연속수 구하기 ……… 39   4 + 5 + 6 = 15

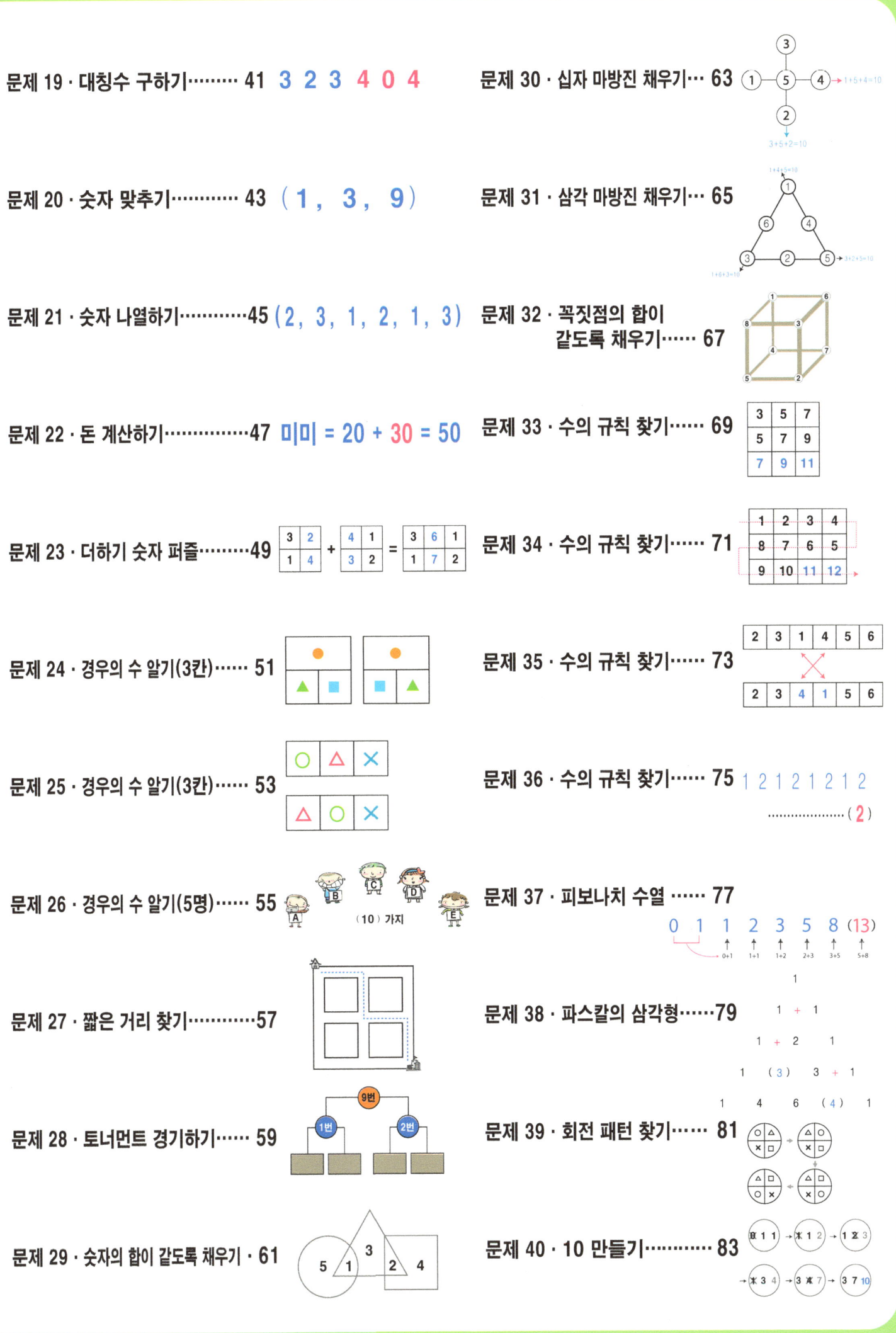

한버공 영재 수학 퀴즈. 4권

초판 발행일 : 2025년 3월 10일

지은이 : 한버공
펴낸 곳 : 청송문화사
　　　　　서울시 중구 수표로 2길 13
홈페이지 : www.kidzone.kr
전화 : 02-2279-5865
팩스 : 02-2279-5864
등록번호 : 2-2086 / 등록날짜 : 1995년 12월 14일

가격 : 14000원
잘못 인쇄된 책은 서점이나 본사에서 바꿔 드립니다.

한버공 영재 수학 퀴즈. 4권